I0819741

alejandro colanzi zeballos

Criminologia... à mão livre

Autor	*Alejandro Colanzi Zeballos*
Design da capa	*Guido Enrique Bravo Monasterio*
Estrutura	*Luis F. Nuñez Vela Carvalho*
Tradução	*Luis F. Nuñez Vela Carvalho*
Prefácio	*Roberto Barbery Anaya*

Criminologia... à mão livre / A. Colanzi Zeballos
Título original: Criminología... a mano alzada
137 páginas
ISBN 13: 9798301363948

Santa Cruz de la Sierra, Bolivia.
2024

Dedicatória

Para minha " MENININHA E BELINHA"
Ana Marietta.

CONTEÚDO

PREFÁCIO

Desde o primeiro artigo reunido neste livro, datado de 11 de abril de 1989, até o último, com data de 9 de dezembro de 2023, Alejandro dá testemunho de sua vocação como pensador e operário. Ele se distancia com igual cuidado de ambas as arrogâncias: a do ativista cego e a do teórico inatingível. Suas opiniões não são literalmente "à mão livre"; elas podem ser interpretadas com solfa e ao pé do ouvido...

A indignação abrange o profano e o sagrado. A literatura e a burocracia são desafiadas sem pudor. À improvisação e à especialização. À espada divina das bibliotecas e à espada temporal do poder...

O rubor é o mesmo: a criminalização daqueles que não podem comprar sua inocência?

(Roberto Barbery Anaya, 2024)

A TÍTULO DE INTRODUÇÃO

Entre minha tese de graduação, que possibilitou a apresentação de um Habeas Corpus em favor dos detidos na Fazenda de Espelhos, a decisão contrária na Suprema Corte, meu segundo trabalho mencionado acima e minha viagem ao exterior para fazer meu mestrado em ciências criminológicas e penais, foi possível um reagrupamento das forças policiais e uma investida no parlamento, de tal forma que, superando o decreto questionado em meu Habeas Corpus, conseguiram incorporar esse poder administrativo à Lei Orgânica da Polícia Boliviana, como instrumento exclusivo dos "tribunais policiais", deixando de lado os conselhos municipais, o Ministério Público e as prefeituras (estas últimas como segunda instância, de acordo com o decreto questionado no final do século XIX).

Todas estas informações, os meandros políticos e as extorsões que tornaram possíveis estas reformas legislativas, chegaram até mim na Venezuela, onde eu estava fazendo meu Magister-Scientiarum, me permitindo desenvolver uma estratégia e treiná-la para não falhar novamente como aconteceu com o Habeas Corpus; e também para contatar as instituições apropriadas. Eu sabia, pelos meus estudos e experiências históricas, que a instituição policial tinha três pontos fracos principais: a publicidade de suas ações; a visibilidade do reclamante com perfil acadêmico (quanto maior a visibilidade, menor a agressão por parte deles) e as instituições não públicas.

A estratégia elaborada e lapidada teve três pivôs: estruturação das instituições não públicas, publicidade e, sobretudo, a defesa da vida e da dignidade; em nenhum momento houve qualquer alusão à instituição policial.

A **PRIMEIRA FASE** obedece a esse objetivo em seu início. O suplemento semanal SECCIÓN 100 do Jornal El Deber foi uma excelente plataforma, principalmente.

A necessidade de gerar debate me levou a ter uma anedota meio brincalhona. Ocorreu-me escrever um artigo " provocador" como aquele sobre o Imã iraniano Khomeini, esperando respostas, que não vieram, e então me ocorreu "responder" com outro nome, o de Juan

Casupa Quispe (simbolizando o novo e verdadeiro cruceño). A resposta de Casupá foi agressiva e alusiva ao grupo Cabildo, do qual eu fazia parte e que tinha uma certa aura de "o novo e real cruceño". Essa resposta de Casupá foi agressiva e alusiva ao grupo Cabildo, do qual eu fazia parte e que tinha uma certa aura de intelectualidade; bem, a única coisa que recebi foi o apoio do Cabildo para mim. Minha aventura havia terminado.

Ela durou de abril de 1989 (quando retornei com meu diploma de mestrado) até fevereiro de 1994.

A SEGUNDA FASE tem circunstâncias diferentes. Ela inclui opiniões de fevereiro de 2021 em diante.

Em 2016, após o triunfo do NÃO (NO), do qual participei ativamente, após ter deixado o parlamento e ter conseguido que o grupo de cidadãos "Fuerza y Esperanza" (FE) ganhasse mais vereadores do que muitos partidos tradicionais. E, com a experiência de ter construído um espaço equidistante da polarização em Santa Cruz, que se chamava "Santa Cruz Somos Todos", que teve seu último ato com um encontro nacional que assinou um documento chamado "Bolívia Somos Todos", o que me permitiu sugerir no encontro de Tarija, realizado na casa de Magda Calvimontes (de Santa Cruz Somos Todos e signatária de Bolívia Somos Todos), que nos identificasse como BST, em defesa da Constituição para a NÃO reeleição, proposta que foi aceita. Após o triunfo da não reeleição, eu me afastei do ativismo político, promovendo uma nova geração para liderar a Fuerza y Esperanza.

Fiz um segundo mestrado, agora em "Direitos e Garantias Constitucionais das Pessoas", com a obtenção do título correspondente. Ao mesmo tempo, e com honras, dei aulas de Sociologia do Direito, História do Pensamento Político e, sobretudo, minha paixão pela Criminologia (três anos com honras).

Em 2017, foi Raúl Eugenio Zaffaroni quem me incentivou a escrever sobre um tema que persiste em meus diálogos pessoais, tanto em Buenos Aires quanto em Santa Cruz. Eu o condicionei a ser meu guia acadêmico temático; a pesquisa resultou em "Discriminação. O que Michel Foucault não disse sobre o racismo, que já se encontra em duas edições e em 7 idiomas. No ano de 2017, a criminologia me salva novamente; e, agora, determinado a não abandoná-la até o fim de meus dias.

A partir de 2021, convenço alguns acadêmicos a formarem a ACADEMIA BOLIVIANA DE CIÊNCIAS CRIMINOLÓGICAS (ABOCCRIM), que tenho presidido desde então.

A necessidade de debate é persistente na sgunda parte, sobre o tema do que chamamos de discriminação pela cor da pele e nosso questionamento das categorias eurocêntricas e reprodutivas de discriminação, como racismo, raça etc.

Foi assim que o camarada Fernando Molina publicou dois artigos sobre "racismo na Bolívia". Eu lhe respondi, fingindo gerar um debate com "O que Molina não disse sobre racismo"... e não houve resposta. Escrevi para ele por whatsapp pedindo que gerasse um debate, para que outros pudessem participar; sua resposta foi que ele me responderia com um livro, que ele de fato havia pesquisado e publicado com financiamento de uma fundação alemã; e, em tom jocoso, coincidiu com a 1ª edição de "Discriminação O que Michel Foucault não disse sobre o racismo".

Uma experiência semelhante aconteceu comigo com Carlitos Moldiz, filho do companheiro Hugo. Nessa ocasião, Carlitos me respondeu, mas desviou o assunto. Novamente, o debate se tornou inviável.

Compartilhar opiniões é incitar o debate, provocá-lo. Ainda mais quando essas opiniões são provenientes de situações que surgem na vida cotidiana. Mas isso também nos permite analisar o provocador em sua evolução, em seu processo e no da sociedade.

O social e o acadêmico não podem estar separados. O social é o laboratório permanente que deve ser traduzido academicamente em sua busca por explicações sobre o que aconteceu: esse é o desafio. Em outras palavras, há uma relação tão próxima quanto a de gêmeos siameses, que devemos ler no sentido de que o todo afeta a unidade ou a individualidade; e que o todo e seus imaginários foram construídos e estruturados ao longo do tempo, muitas vezes devido à ausência de explicações mais ou menos lógicas, são explicados com imaginários que se consolidam e assumem níveis acadêmicos porque estão desarraigados da vida cotidiana: o desafio é desmontar, desconstruir esses imaginários para trazê-los para a vida cotidiana, para a materialidade.

Ver no devir revela um processo que devo compartilhar.

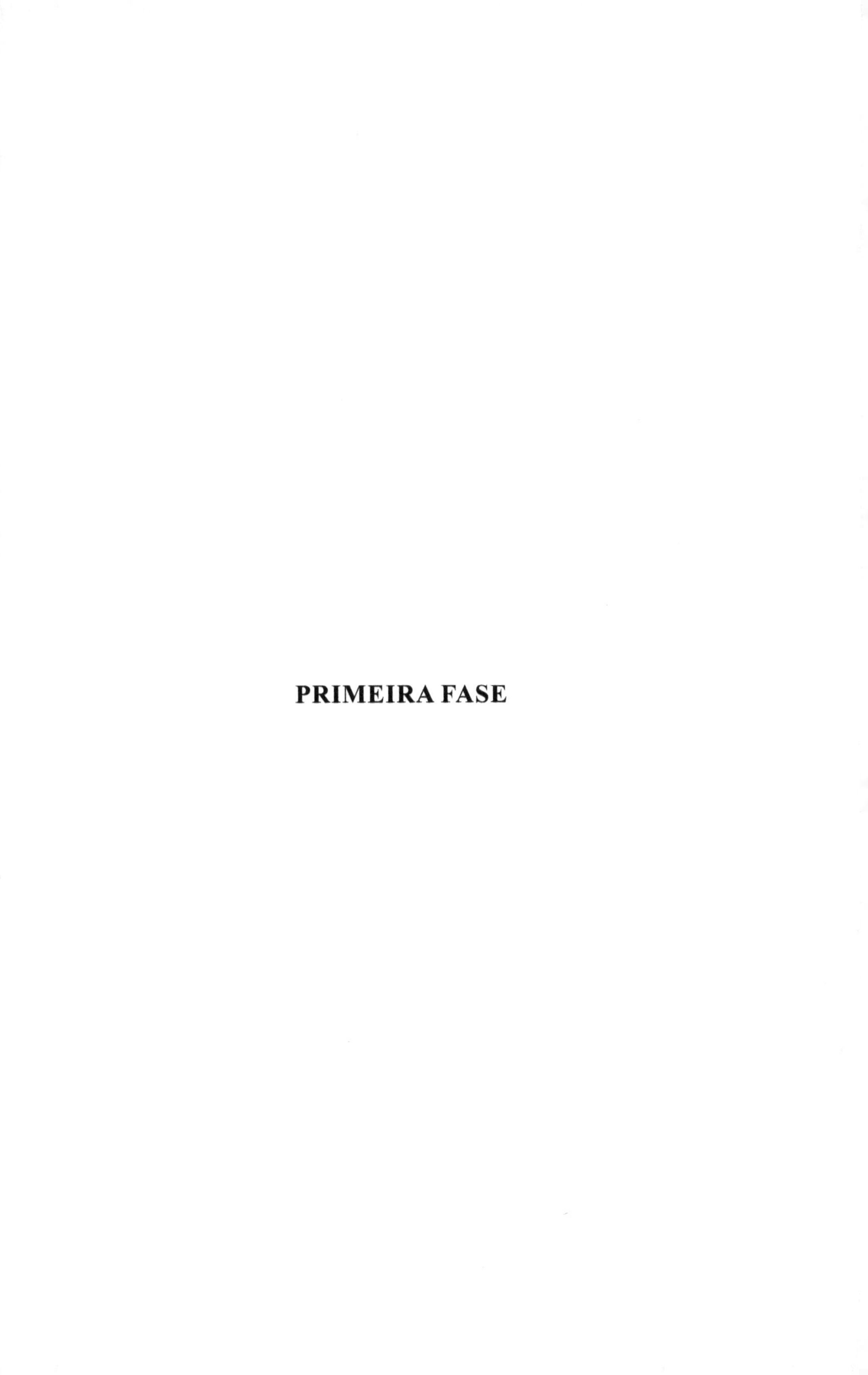

PRIMEIRA FASE

O direito de punir

(EL DEBER, 11 de abril de 1989)

Dentro da Ciência Penal e Criminológica existem diferentes posições com relação à punição de condutas catalogadas ou tipificadas como proibidas. O direito de punir ainda é uma questão de debate.

Uma corrente, a clássica, com forte influência naturalista, baseia-se no livre arbítrio. Se alguém é livre para agir como o homem é, então ele é capaz de diferenciar entre o que é bom (ligado ao que é legal) e o que é ruim (ligado ao que é ilegal); portanto, se ele escolhe o que é ruim, sabe que haverá punição.

Por outro lado, há tendências que se opõem ao que foi dito acima e propõem a determinação biopsicossocial. O homem age de acordo com seus desvios biológicos, psicológicos ou sociais. Se ele tiver deficiências biológicas, será um criminoso. Se tiver anormalidades psicológicas, será um criminoso. Se tiver deficiências sociais, será um delinquente. Sob um enfoque diametralmente oposto, as correntes materialistas sustentam que o problema da delinquência é estrutural como consequência das contradições das classes sociais; que a delinquência é uma criação jurídica que beneficia a classe dominante: é também uma perspectiva determinista (o homem é historicamente determinante).

Não concordamos com as correntes historicistas-deterministas, porque se houvesse determinismo, não haveria razão para punir os da classe dominante, muito menos os da classe dominada. E essa corrente é contraditória com a corrente criminológica, pois em sua abordagem de política criminal propõe a necessidade de punição: Democrática, mas punição no final! Se o homem é determinante, ele não merece punição.

Meu mestre, o argentino Zaffaroni, defende a necessidade de devolver ao homem seu papel de ser social; isso, na concepção antropológica do Direito Penal. Por outro lado, meu amigo e colega criminologista Giezen (da corrente abolicionista) afirma que, embora o homem não possa influenciar seu passado, ele pode influenciar seu presente. Entendo que as duas abordagens anteriores sugerem que a capacidade de escolha no presente é limitada, e consequentemente no futuro, pois o peso do passado influencia os atos presentes, portanto haveria uma DETERMINAÇÃO; essa relatividade nos mostra uma capacidade, ainda que limitada, mas que por conta dessa capacidade o Homem pode ser punido.

Élites e logias

(EL DEBER, 16 de abril de 1989)

Fala-se constantemente de logias.[1] Há um alarme sobre sua proliferação. Até mesmo os nomes das logias e de seus membros são objeto de boatos.

Alguns, motivados pelo que é conhecido como "fofoca", ajudaram a criar mitos sobre esse assunto. Sem querer, eles foram fundamentais em um processo de verificação. Foram funcionais para as agrupações, fizeram (e fazem) um pedido de desculpas, causando um engrandecimento das lojas.

Quando o poder está concentrado (estrutura vertical), obtêm-se benefícios desse poder quanto mais próximos estivermos dessa estrutura vertical; e, a partir daí, criam-se pequenos grupos beneficiários e privilegiados, mais ou menos frágeis, pois dependem desse poder central, da simpatia que ele projeta ou de outros vínculos, que são realmente carregados de subjetividade.

Quando se vive em uma "democracia", essa situação se expande (como sugere Antonio Gramsci), embora no caso boliviano não seja tanto assim (Ma. Josefina Forfori Scano), pois há uma semi-expansão. De qualquer forma, eles fazem parte desse poder central que está disperso pelo resto, inclusive na sociedade política (que já o tem), como na sociedade civil, embora haja um fio condutor em direção ao poder central.

Esses espaços precisam ser preenchidos. E eles são preenchidos por pessoas que os encobrem, eles precisam se proteger e se cercam de pessoas em quem confiam, preenchendo totalmente esse espaço. Como o homem aprende rápido, ele se organiza para o momento em que um deles ocupa alguma posição (espaço de poder); ele se adapta organizando sua panelinha, elite ou agremiação.

Se olharmos em um sentido gramsciano, temos duas formas de aspirar ao poder: a) a guerra de "movimentos", principalmente em casos de autoritarismo, em que a oposição participa como um bloco; e b) a guerra de posições, relacionada a situações de abertura ou

1 O termo "logias" refere-se a grupos ou organizações fechadas que buscam influência política, social ou econômica, sendo frequentemente associado a sociedades secretas ou elites organizadas, como as lojas maçônicas.

sociedades mais complexas. As elites, ou grupos, também estão em uma situação de guerra de posições.

Se W. Mill, ao analisar as "elites do poder", as vê como pequenos grupos que controlam a sociedade. Não podemos acreditar que nossas associações crioulas tentem controlar tudo. As elites (chamadas de logias, roscas, grupos, etc.) existem em todos os tipos de sociedade; as condições materiais possibilitam sua formação. Elas existem tanto em organizações de direita quanto de esquerda.

Libertação e Liberalização

(EL DEBER, 18 de abril de 1989)

É bom deixar clara a diferença entre o que se entende por libertação e liberalização, para não se confundir e fazer propostas com títulos que não correspondem. Por libertação ou emancipação, entendemos qualquer movimento social que busca livrar-se de estruturas (econômicas e sociopolíticas) e valores (ideologias = projetos políticos) que negam seu fluxo histórico (alienante) e levantam bandeiras que unem atrás de si aqueles que contribuem para essa tarefa, devolvendo ao homem sua dimensão de ator social e construtor de sua história. Portanto, as contribuições teóricas que ajudem nesse sentido poderão entrar nesse grande projeto político de LIBERTAÇÃO OU EMANCIPAÇÃO. Por outro lado, a liberalização é entendida como tudo aquilo que viabiliza a materialização de um Estado liberal, seja como etapa final ou transitória, independentemente da base.

Ambas, na perspectiva boliviana - que pode ser estendida à América Latina - são concepções antagônicas. Embora, a partir de uma posição de liberalização, seja possível usar espaços liberais, o que se torna bastante perigoso, mas, em última análise, é necessário considerar a perfuração da essência liberal.

Khomeini: O que não foi dito

(EL NUEVO DÍA, 23 de abril de 1989)

Muito tem sido dito sobre o Imã Khomeini. Sua decisão de punir Salman Rushdie provocou uma série de comentários. Nossos intelectuais não deixaram passar essa oportunidade e também se manifestaram.

Houve uma condenação generalizada da decisão do líder iraniano. Ele foi até comparado a ditadores latino-americanos. Sem querer defender a decisão de Khomeini, é necessário analisar outros aspectos de sua decisão e os comentários que ela gerou.

De maneira muito simples e superficial, ele foi comparado aos nossos ditadores no poder, o que é inaceitável. E é inaceitável porque nossos ditadores não chegam ao poder por meio de insurreição popular. O aiatolá Khomeini tem apoio popular. Nossos ditadores enriqueceram e o aiatolá não; embora o xá Reza Pahlevi (que Khomeini baniu) tenha se tornado um dos homens mais ricos do mundo. Nossos ditadores permitiram que o imperialismo industrial definisse nosso caminho, possibilitando a violação de nossa soberania e a pilhagem de nossas riquezas em detrimento da maioria de nossos compatriotas.

O atual regime iraniano defendeu sua soberania diante da agressão dos EUA e sem se curvar aos soviéticos; é um regime que não deixou passar as agressões que sofreu, fortalecendo sua soberania.

Devido ao baixo apoio popular, nossos ditadores crueis não suportaram uma crise, porque as armas não são suficientes; embora aceitemos que alguns tenham algum apoio, mas não a maioria. O regime iraniano passou por uma guerra de muitos anos e ainda tem consenso.

Esses são alguns aspectos que devem ser levados em conta.

Portanto, há diferenças. Por outro lado, acreditamos simplesmente que aqueles que criticaram o fizeram a partir de uma perspectiva liberal e, portanto, ocidental. E, sob essa perspectiva, outras culturas que não se encaixam nesse molde eurocêntrico nunca serão compreendidas. A esse falso molde, proclamam certos valores (no mundo ocidental industrializado) e agem de forma diferente, chegando ao ponto de conceber a diplomacia como hipocrisia na negociação. Não devemos ignorar o fato de que o Irã projetou uma política internacional clara: para eles, as coisas são o que são ou não são.

E a partir dessa perspectiva liberal, as fileiras daqueles que participam da cultura dominante aumentarão e, portanto, nunca será possível entender o comportamento de nossas culturas majoritárias ou nações oprimidas ("Quechua", "Aymara", "Guarani").

Não entender o processo iraniano e descrevê-lo como bárbaro é ser incapaz de se livrar do positivismo revolucionário que alimenta o liberalismo. E isso significará opções, no devido tempo, para os processos reais de libertação.

Uma voz dissonante em cabildo

(EL DIA, 25 de abril de 1989)

Conhecendo os membros desse movimento cultural chamado Cabildo[1] é difícil acreditar que haja uma opinião discordante em seu meio. Mais ainda, o tratamento dado a Rushdie pelo aiatolá Khomeini.

A defesa de Colanzi ("El Día, 21-04-89. Khomeini: o que não foi dito") de Khomeini é intolerável. Como é possível que um advogado e criminalista defenda o indefensável. O aiatolá é um homem das cavernas, machista, (assim como a primeira-ministra do Paquistão: Sra. Butho) que está obrigando as mulheres a cobrir todo o corpo e a não cumprimentar os homens com um aperto de mão, muito menos com um beijo no rosto, como podemos fazer no mundo ocidental.

O regime islâmico é um assassino porque manda fuzilar as pessoas, como a imprensa relata sobre os traficantes de drogas. Khomeini manipula com fanatismo religioso para alcançar o que Colanzi chama de "Consenso".

Não é possível "retroceder na história", como está sendo alegado no Irã. Os ganhos democráticos foram duramente conquistados e, portanto, devem ser mantidos. Os atos bárbaros devem ser condenados. Eles são inaceitáveis no século XX, e ainda mais agora que estamos no século XXI.

O regime do aiatolá é apenas uma ditadura fascista comparável às ditaduras europeias (Mussolini) e latino-americanas, inclusive a nossa.

Acredito que esse dissidente tácito (de opinião) do Cabildo precisa aceitar e mudar sua posição.

1 O termo "Cabildo" refere-se, na Bolívia, a uma tradição cultural e política de reuniões ou assembleias populares para debater questões de interesse coletivo. Pode também designar movimentos culturais ou sociais que retomam essa ideia de participação comunitária e debate.

Primeiros passos criminológicos I

(EL DEBER, 30 de abril de 1989)

Assistindo a um programa de televisão, fiquei impressionado com o seguinte fato: Numa padaria ocorreu um assalto, e a proprietária, entusiasmada por ter recuperado toda a quantia roubada, deu pães aos que tentavam comprar; em outras palavras, não cobrava dos clientes pelos pães que levavam. Sem saber disso, uma mulher pega alguns pães e, como não há controle sobre o pagamento, sai e vai para casa.

O marido fica surpreso com os pães, sabendo que a esposa não tem dinheiro, e pergunta como ela os conseguiu.

Ela responde com medo que os roubou.

Ele exclama: por esse crime você passará um longo tempo na sombra... (prisão).

Sua esposa, muito logicamente, lhe pergunta: Por tão pouco, quanto tempo passariam na sombra aqueles que roubam milhões?

Com a sabedoria que a vida lhe dá, o marido responde: Eles não passam o tempo nas sombras, mas sim no sol... nas praias de Miami ou do Rio de Janeiro.

Embora seja verdade que a pessoa comum não diferencia uma tendência criminológica de outra, não se pode dizer que ela não tenha uma concepção de crime comum, bem como de "crime privilegiado". É verdade que elas não têm conhecimento dos processos que tornam ambos possíveis. Mas não é essa a função daqueles que afirmam ser pesquisadores sociais? O processo de conhecimento, tal como o concebemos, tem um concreto (pode ser a afirmação final do homem em nossa historinha), que observamos para poder explicar por que ocorre, passando por uma ordenação, para torná-lo novamente concreto, embora já ordenado, e, principalmente, imprimindo-lhe um projeto político (ideologia) que postula uma mudança nessa situação.

Nesse sentido, tentaremos, a partir da presente nota, você, leitor - eu, um aprendiz de criminologia -, ordenar aquelas concepções que comumente utilizamos, todas relacionadas à problemática conhecida como "delinquência".

Acreditamos que esse é um bom começo para diferenciar entre crimes (comuns) e (privilegiados). Ainda mais, se eu lhe contar um ditado popular da Guatemala: "Quem rouba um quetzal (moeda guatemalteca) é um ladrão, quem rouba um milhão é milionário! Que reflexões o motivam? Se você passar essas reflexões para seus amigos, para sua família, você está fazendo criminologia.

Primeiros passos criminológicos II

(EL DEBER, 2 de abril de 1989)

Um édito medieval que dizia "... em caso de dúvida sobre um ou outro culpado, torture o mais feio...", parece pura imaginação, mas foi real.

Mas... como é possível conceber esse raciocínio? As diretrizes remontam à Grécia antiga, onde se desenvolveu um forte culto à beleza, a tal ponto que o conceito de narcisismo foi criado lá. E como a Europa tem suas bases na cultura grega, esses parâmetros de beleza se espalharam ao longo do tempo nesse continente. Roma, nutrida culturalmente pela Grécia, ajudou sua expansão com a ampliação do império.

Os estudos criminológicos eram desconhecidos até a escola clássica. Antes disso, os critérios usados eram os mencionados no início, ainda mais se aceitarmos que a Europa teve muitas invasões: as hostes bárbaras e feias comandadas por Átila, os mouros etc. O critério da beleza europeia é reforçado pela agressão desses seres fisicamente diferentes e, por serem diferentes, eram considerados feios.

Esse conceito é ainda mais complicado pelos critérios usados pela Inquisição: o demônio é mau e o demônio é feio. Isso, combinado com a não aceitação e/ou ignorância do cristianismo (a base para distinguir o bem do mal) por parte daqueles que não se adequam às características dominantes de beleza, ou seja, os invasores ou seus descendentes, eram candidatos firmes a serem chamados de criminosos.

É importante ter em mente esse histórico, pois ele influenciará fortemente as escolas criminológicas que surgiram no século XIX.

Agora, imaginem o que estava acontecendo neste continente desde a invasão espanhola. Se os espanhois vieram com esses critérios, então eles estavam cercados por criminosos satânicos. Eles não conheciam o Deus do invasor e não respondiam às suas características de beleza. Os invasores consideravam o nativo como um ser vivo sem alma. SIM, SEM ALMA!

Toda essa concepção serviu para matar, estuprar, saquear, etc., em nome e por conta dos "pobres" nativos sem alma, diabólicos e criminosos. Também serviu para encobrir crimes reais: extermínios em massa, pilhagem de riquezas, abusos generalizados, etc.

Você acha que isso acontecia em nossas terras antes da chegada dos invasores espanhois? Eles tinham as mesmas diretrizes para punir aqueles que consideravam infratores ou criminosos? Tentaremos elucidar ou responder a essas perguntas em nossa próxima edição. Não perca: aguarde-a nesta seção. Até breve.

Primeiros passos criminológicos III

(EL DEBER, 9 de maio de 1989)

Antes da invasão espanhola no que hoje é a América Latina, ABYA YALA, como alguns de nós gostaríamos de chamá-la, havia uma forma de lidar com os conflitos provocados pelos membros das comunidades.

Esse conflito e sua solução serão influenciados basicamente pelas condições materiais que caracterizam o grupo, sua atividade econômica, seu modo de vida, suas limitações etc.

Assim, por exemplo, nas tribos guerreiras, o membro que não se adaptava à guerra (por exemplo, o efeminado) não era bem visto; além disso, o TEBI era expulso, não por ser machista ou moralista, mas por uma realidade concreta: precisavam de um guerreiro.

Nos nômades (aqueles que se deslocam continuamente de um lugar para outro), o velho ou a criança doente (anormal) tende a ser eliminado por não suportar essas constantes peregrinações. Sem ser considerado imoral ou amoral.

Os conflitos causados por roubo ou morte são medidos em termos do dano que causam à família. Se for roubo, significa que um se apropriou do que foi produzido pelo outro por meio de um esforço, e é esse esforço que precisa ser substituído. Se for morte, significará que uma família não poderá contar com um braço guerreiro ou cultivador e, nessa proporção, contribuirá para resolver o problema da família afetada.

As interpretações são diferentes. Por exemplo, em uma sociedade guarani, um filho agrediu sua mãe. O conselho o puniu. Foi formado um círculo com todos os membros da comunidade. No centro, sentou-se a mãe e, a alguns metros de distância, o filho. O filho começou a engatinhar em direção à mãe, chegou até ela, que lhe ofereceu os seios e o filho mamou neles. Depois disso, o filho foi expulso (isso nos foi contado na CIDOB - confederação indígena do leste da Bolívia).

Machismo ou matriarcado. Eles não existem lá. Isso não mostra um ponto de vista ou uma visão (ocidental). Há outros fatores condicionantes que motivam esse tipo de punição. São punições que se adaptam ao seu modo de vida. E que mantêm ou tendem a equilibrar o desequilíbrio. Suas punições ou sanções são direcionadas para esse objetivo.

Na resolução de tais conflitos, observa-se a participação da comunidade ou, em certos casos, a decisão é tomada pelos mais velhos.

O importante a ser observado é que o trabalho é valorizado assim que se produz algo. Em nossa sociedade ocidentalizada, esse não é o caso, pois o trabalho é o menos valorizado.

Talvez venha à tona a pergunta sobre o que aconteceu no Ocidente, no interior, então. Falaremos sobre as culturas do Altiplano mais tarde.

Primeiros passos criminológicos IV

(EL DEBER, 16 de março de 1989)

Antes do surgimento do que foi chamado de Império Inca, havia nações que se destacavam. Para isso, tiveram de criar um modelo de organização social que atendesse às suas necessidades materiais. A organização conhecida como AYLLU é usada por essas nações. Ela permite a solidariedade da comunidade, bem como a solução de todos os problemas.

A solidariedade é característica das comunidades agrárias. As mesmas condições materiais sob as quais as pessoas vivem juntas tornam possível essa integração comunitária. Se hoje você me ajudar com minhas colheitas, amanhã eu o ajudarei com as suas.

Essa vida agrária em comunidade leva à influência na solução de conflitos, sejam eles sobre bens ou derramamento de sangue, simplesmente porque a harmonia entre os membros significa harmonia na comunidade. Se eu e você estivermos bem, os outros também estarão bem.

O homem tem uma projeção na medida em que contribui para as necessidades diárias da vida. Se esse homem, por algum outro motivo, perde a vida nas mãos de outro, cria-se um conflito em termos do que ele contribui com seus esforços para o desenvolvimento de sua família. Portanto, é lógico que aquele que tirou a vida deve resolver o conflito criado.

Mais tarde, os incas tornaram possível continuar com a organização do Ayllu, apenas adaptando-a aos seus interesses. Dessa forma, o povo trabalhava e produzia excedentes, destinados a sustentar o Inca e a família real, os religiosos e, principalmente, o exército.

Ama Sua, Ama Llulla, Ama Qhella, (não roube, não minta, não seja preguiçoso), são os mandatos. E eles são inflexíveis em sua observância, porque a expansão do Império assim o exigia. Eles precisavam de mais e mais excedentes para o exército crescente.

Imagine a reunião do Inca com os generais. Esses comandantes das tropas do império estavam preocupados com a alimentação de seus homens, que também estavam aumentando em número à medida que as fronteiras do império se expandiam. Surge o comentário de que é preciso fazer mais exigências aos súditos preguiçosos, bem como um controle mais sutil para evitar as mentiras sobre as cobranças, porque isso constitui um roubo que ameaça os sonhos do filho do Sol (o Inca) e, portanto, é IMPERDOÁVEL "é alarmante", alguém dirá. Algo deve ser feito, diz outro.

Naquele dia, as incursões foram inventadas. A divisão de tarefas já havia sido feita (alguns governarão, outros lutarão e os demais... trabalharão, caso contrário, de que viverão).

E você pode imaginar o que aconteceu após a invasão espanhola? O que você acha?

Primeiros passos criminológicos V

(EL DEBER, 30 de maio de 1989)

Me pediram para aprofundar as origens do que hoje é conhecido como a qualificação de "vago e desocupado". Devido à sua importância, concordamos de bom grado.

Com a transformação econômica e social pela qual a Inglaterra estava passando, ocorreu o fenômeno da migração do campo para a cidade. Foi assim que os antigos camponeses que haviam perdido suas terras se viram na cidade sem trabalho, sem casa e, o pior de tudo, sem conhecer os ofícios da cidade. E isso significava que eles se tornavam mendigos, ladrões e vagos.

Diante desse fenômeno, no final do século XV, começaram a surgir legislações contra a vagabundagem ou "delinquentes voluntários: supunha-se que dependia da boa vontade deles continuar trabalhando nas antigas condições, que já não existiam mais", (concepção do livre arbítrio: o que eu faço é a minha vontade).

Em 1530, na Inglaterra, o rei Henrique VII ordenou que os mendigos velhos e inaptos tivessem licença para mendigar, mas os vagos vigorosos tinham de ser açoitados. Mais tarde, isso se tornou mais severo, pois os infratores reincidentes deveriam ter metade de uma orelha cortada e, se continuassem, deveriam ser executados. Mais tarde, eles poderiam ser marcados no peito ou no rosto (essa é a origem do conceito de estigmatização, desenvolvido no século atual pela escola interacionista). Podiam tirar os filhos dos vadios: até a idade de 24 anos para os meninos e 20 para as meninas.

Na França, o rei Luís XVI ordenou que os considerados vagos fossem enviados para as galés. Em 1537, o rei Carlos V fez algo semelhante em relação aos Países Baixos.

Sobre o exposto anteriormente, aquele senhor europeu que até hoje provoca muitos debates, conhecido como Carl Marx, em sua obra O Capital, escreveu: "Dessa maneira, a população rural, expropriada pela violência, expulsa de suas terras e reduzida à vagabundagem, era obrigada a submeter-se, por meio de uma legislação terrorista e grotesca e à força de açoites, ferros em brasa e suplícios, à disciplina exigida pelo sistema de trabalho assalariado", (Livro 1, volume 3,

Ed. Siglo XXI. Página 920).

Já havíamos mencionado anteriormente (Primeiros Passos Criminológicos V) que o rei espanhol Carlos III legislou sobre os vagos na Novíssima Recopilação com a "Real Ordenanza para as levas anuais de todos os povos do Reino" (maio de 1775).

Parece que o que foi descrito acima está acontecendo na Bolívia hoje. Sim, há muitos desempregados, "vagos" e mendigos que, embora não tenham uma marca visível, têm uma marca que é pior do que um grande sinal: são pobres. E surge a pergunta: eles queriam esse destino ou ele é voluntário? O que causou esse desemprego? Será que não estamos vivendo em condições semelhantes às da Europa (descritas acima)? A polícia, com todos esses instrumentos legais sobre a qualificação de vagos, está agindo sobre um grande número de cidadãos, não vamos dizer cidadãos de segunda classe, porque eles nem sequer têm o status de cidadãos. Com uma grande diferença, não estamos na grande arrancada industrial em que a força de trabalho precisa ser tecnificada e, se esse fosse o caso, nenhuma prisão estaria ensinando ofícios úteis.

Primeiros passos criminológicos VI

(EL DEBER, 6 de junho de 1989)

Vamos nos situar na Europa em meados do século XVII. Há uma situação muito grave para o habitante, já que sua vida é insegura, pois a qualquer momento ele pode ser acusado de algo e não tem chance de sair impune. Há disposições sobre vagos e mendigos e processos inquisitoriais que tornam impossível qualquer defesa.

Toda essa situação de incerteza possibilita o surgimento do que é conhecido como Iluminismo, que serve de inspiração para a escola clássica de criminologia, embora haja uma opinião de que ela não existia como escola.

O postulado fundamental do classicismo era que os direitos do homem deveriam ser protegidos contra a corrupção e os abusos das instituições existentes. É possível resumir as abordagens desse pensamento da seguinte forma:

O homem, por natureza, é egoísta e, portanto, pode cometer crimes.

O consenso existe para proteger a propriedade privada e o bem-estar pessoal.

Os contratos são feitos com o Estado para preservar a paz.

A punição deve ser usada para dissuadir o indivíduo de violar os interesses dos outros. Tomar medidas contra essas violações é uma prerrogativa do Estado, que o povo concedeu a ele ao firmar o contrato social.

AS PENALIDADES DEVEM SER PROPORCIONAIS AOS INTERESSES VIOLADOS. NÃO DEVEM SER EXCESSIVAS NEM EMPREGADAS PARA REFORMAR O INFRATOR, pois isso afetaria os direitos do infrator e o contrato social.

Elas devem ter como objetivo um número reduzido de leis, que devem ser garantidas com o devido processo legal.

Todos os homens são iguais perante a lei e responsáveis por suas ações.

Esses postulados entram em vigor porque a burguesia emergente vê que eles protegem seus interesses contra a classe dominante bárbara e inoperante.

Esse foi um grande avanço para a época. Beccaria é o personagem que apresentou conceitos que têm sido inspiradores até hoje.

É necessário revisar essas abordagens. O positivismo, que posteriormente tomou conta e dominou a esfera jurídica, minou aquelas que incorporaram uma profunda defesa dos direitos humanos. Para citar apenas algumas, temos a proporcionalidade da punição em termos dos interesses violados e a não utilização da punição para a modificação do infrator qualificado.

Se analisarmos nossa legislação, não há proporcionalidade entre a pena para o roubo de gado e aqueles que saqueiam o Estado. Por outro lado, todas as penas positivas tendem a modificar a essência da pessoa, violando seu direito ao SER.

Por todas essas razões, acho que seria um grande avanço retomar alguns postulados daquele brilhante italiano chamado Beccaría.

Primeiros passos criminológicos VII

(EL DEBER, 13 de junho de 1989)

Há alguns dias, foi lançada uma convocação para aumentar a conscientização e buscar soluções para um problema sério: os Poderes da Polícia. Portanto, é justificável que dediquemos mais espaço a ele.

Talvez você, leitor, não encontre o motivo da referida convocação. Os antecedentes sócio-históricos e jurídicos (Pininos Criminológicos V e VI) para a classificação de vadios e desocupados já foram mencionados acima. Portanto, é necessário que você saiba quem pode ser classificado nas categorias acima mencionadas.

A Lei de 11 de novembro de 1886 (promulgada pelo Presidente Gregorio Pacheco) afirma:

"Art. 31 - São considerados vagos os seguintes:

1° Os que não tiverem domicílio conhecido.

2° Os que não tiverem ofício, profissão, renda, salário, ocupação ou propriedade para viver.

3° Os bêbados habituais.

4° Aos que pedem esmolas sem serem pobres pedintes, conforme qualificação da Prefeitura.

"Art. 32 - São maus-tratos os seguintes:

1° Os que frequentam diariamente casas de jogo ou de embriaguez.

2° Os que vivem de fraude, dolo, furto, roubo ou furto, ou incentivando ladrões e trapaceiros.

3° Aqueles que se ocupam em corromper as crianças da família, os empregados domésticos ou os dependentes.

4° Aqueles que vivem habitualmente de comércio imoral ou escandaloso.

5° Aqueles que se dizem adivinhos e feiticeiros".

É necessário ler e reler. É necessário refletir sobre aqueles que podem ser qualificados como preguiçosos e vagabundos nessa situação pela qual estamos passando. É preciso analisar se você pode ser considerado como tal, ou talvez um parente ou conhecido seu. Pense nisso.

Se observar bem, perceberá que a qualificação de preguiçosos é a criminalização de um estado socioeconômico e não de ações em si. Esse status é claramente localizável: pobreza. Sim, as pessoas que atendem a essas características são pobres. E não por causa de algo que fizeram, mas por causa do que podem (no futuro) fazer.

Em relação aos "vagabundo", o senhor julgará se aqueles que atendem a essas características são de fato criminalizados. As casas de jogos ou de bebidas não são locais proibidos. Lojas "imorais" são autorizadas legalmente - e pela própria polícia - assim como as cartomantes.

Imaginemos a Polícia entrando nos finais de semana nas discotecas ou nas casas onde se joga cartas (e outras formas de jogo). Ou mandando para a Fazenda dos Espelhos os patrões que "incitam" suas empregadas domésticas: IMPOSSÍVEL! Nesse momento, alguém questionaria a polícia; diria que as garantias constitucionais estão sendo violadas.

Mas, quando a polícia vai atrás dos primeiros, eles estão apenas cumprindo a sociedade, que ironia! A realidade é que, por serem pobres, eles não têm direitos.

Julgue. Colega e compatriota.

Primeiros passos criminológicos VIII

(EL DEBER, 4 de julho de 1989)

No capítulo anterior descrevemos as abordagens da escola clássica em criminologia. Agora, analisaremos o revisionismo neoclássico.

Apesar da forte influência que Beccaria exerceu em sua época, não faltaram críticas às suas abordagens, algumas direcionadas à eficácia da lei, uma vez que os crimes contra a propriedade eram punidos com a tomada da propriedade. Basicamente, os clássicos se concentravam no ato criminoso e deixavam de lado as diferenças individuais entre os infratores.

Os neoclássicos levavam em conta as circunstâncias atenuantes; a situação de cada infrator, seu ambiente social e físico tinham de ser levados em conta. Eles argumentam que os antecedentes de uma pessoa tinham de ser levados em conta, porque se ela tivesse um, seu condicionamento por circunstâncias externas poderia ser considerado.

Eles também sugeriram que, no momento do julgamento, os fatores internos (comportamento potencial) deveriam ser levados em consideração, pois eles condicionam a capacidade de agir livremente.

Sua concepção do infrator não é mais a do homem isolado, atomizado e racional. Eles concebem um mundo social com as seguintes características:

"No centro, estão os indivíduos adultos e mentalmente saudáveis, considerados plenamente responsáveis por seus atos".

"As crianças e os idosos são considerados menos capazes de tomar decisões responsáveis.

"Um pequeno grupo de indivíduos - os loucos e aqueles com fraqueza mental manifesta - são considerados incapazes de qualquer ação adulta livre".

Outras considerações que eles postularam foram:

A sentença teria efeitos diferentes, dependendo das características individuais do infrator.

Aprisionar o infrator era colocá-lo em um ambiente que, por si só, influencia sua futura propensão a cometer delitos.

"O infrator tinha que ser punido em um ambiente que lhe permitisse fazer as escolhas morais corretas. De acordo com os ingleses Taylor, Walton e Young (A Nova Lei de Direitos Humanos), a escolha era considerada uma característica de cada indivíduo, mas começou-se a reconhecer que certas estruturas facilitam a livre escolha mais do que outras".

De acordo com os ingleses Taylor, Walton e Young (A Nova Criminologia), os neoclássicos "pegaram o homem racional e solitário da criminologia clássica e deram a ele um passado e um futuro"; e o esquema neoclássico "é hoje a base da maioria dos regimes legais no Ocidente e no bloco soviético"

Primeiros passos criminológicos IX

(EL DEBER, 8 de agosto de 1989)

A escola clássica e sua variante neoclássica foram abordadas mais ou menos superficialmente. Agora é hora de examinar a escola positivista. Essa é a mesma escola que, devido à sua importância, analisaremos em mais de um capítulo.

A escola positivista se baseia no positivismo, que é o "movimento intelectual dominante na segunda metade do século XIX, cujas raízes podem ser claramente traçadas até Kant e o Iluminismo, especialmente em seu aspecto enciclopédico, e, menos timidamente, até Descartes e Bacon" (Antonio Rodríguez Huéscar). Nesta ocasião, nos limitaremos a revisar o que Augusto Comte (Discurso sobre o Espírito Positivo) apresenta como a "Lei da evolução intelectual da humanidade ou a lei dos três estados"; embora só veremos os dois primeiros estados, já que o terceiro, o estado positivo ou real, será tratado mais adiante.

Diante do livre-arbítrio clássico, Comte antepõe o determinismo ao afirmar que o indivíduo e/ou a espécie tem "de passar SUCESSIVAMENTE E INEVITAVELMENTE por três estados". É importante levar em conta este fato: o determinismo da evolução intelectual.

No primeiro estado (teológico ou fictício), Comte distingue três fases: fetichismo, politeísmo e monoteísmo.

Na fase do fetichismo, diz Comte, o homem atribui "a todos os corpos externos uma vida essencialmente análoga à nossa, mas quase sempre mais enérgica, por causa de sua ação geralmente mais poderosa". A adoração das estrelas caracteriza o mais alto grau dessa primeira fase teológica, que a princípio difere apenas ligeiramente do estado mental em que permanecem os animais superiores".

Comte argumentou que, nessa fase, encontram-se aqueles que pertencem à menor em quantidade das três grandes raças de nossa espécie: a raça negra.

Na fase politeísta: "A filosofia inicial sofre aqui a mais profunda transformação que pode ser registrada em todo o seu destino real, no sentido de que a vida é finalmente retirada dos objetivos materiais para ser misteriosamente transferida para vários seres fictícios, geralmente invisíveis, cuja intervenção ativa e contínua se torna a fonte direta de todos os fenômenos externos, ou mesmo dos fenômenos humanos. A maioria da humanidade, segundo Comte, estaria incluída nessa fase, principalmente a mais numerosa das três raças: a raça amarela.

Na fase monoteísta, a razão passa a restringir cada vez mais o antigo domínio da imaginação, levando à necessária sujeição de todos os fenômenos naturais a leis invariáveis. É nessa fase que encontramos os mais retrógrados da raça branca.

O segundo estado (metafísico e abstrato) é transitório, conduzindo gradualmente ao terceiro (estado positivo ou real). Comte entende que "a metafísica, como a teologia, tenta acima de tudo explicar a natureza íntima dos seres, a origem e destino de todas as coisas, o modo essencial de produção de todas as coisas, o modo essencial de produção de todas as coisas, o modo essencial de todos os fenômenos; Mas, em vez de operar com os próprios agentes sobrenaturais, ela os substitui cada vez mais por essas entidades personificadas ou abstrações cujo uso, verdadeiramente característico, permitiu que ela fosse frequentemente designada pelo nome de antologia, para ser entendida nesse estado pelos mais avançados da raça branca.

Podemos ver claramente como está sendo estruturada uma teoria racista e eurocêntrica, já que os mais avançados serão os europeus, além de estarem mais próximos do estado ideal: o positivismo. As demais raças terão de passar por todas as fases estabelecidas, caso contrário não "evoluirão" e serão sempre "atrasadas".

Criminología Latino-Americana vs Estado–Nação

(EL DEBER,11 de junho de 1989)

Do ponto de vista do capital, seu processo de concentração cresce e leva a um rearranjo econômico, social e espacial dos meios de produção e das unidades de gestão; consequentemente, ocorre um processo de concentração e socialização da força de trabalho necessária para produzir e gerir. Portanto, são necessários os meios de produção dessa força de trabalho, que, por sua vez, estão concentrados no que chamamos de unidades coletivas de consumo ou no conjunto de bens e serviços independentemente necessários para garantir a vida cotidiana da coletividade. A crescente interdependência da produção, da gestão e do consumo leva à interdependência entre suas cidades e contribui para a formação de unidades complexas de produção e reprodução de dimensões cada vez maiores: sem cidades metropolitanas. O consumo, portanto, desempenha um papel cada vez mais importante no processo de realização do capital.

E é nessa direção que as atividades do criminologista latino-americano (de Abya Yala: terra em plena maturidade) devem ser direcionadas, opondo-se a tudo o que significa classificação por meio de concentrações urbanas. Por si só, essa integração na cidade implica a negação da entidade sociocultural, fortalecendo esse alinhamento com os valores impostos pelo ritmo de vida na cidade. Nem sempre é por causa do consumismo (geralmente é), pois os migrantes não terão os meios materiais para isso.

Portanto, é o consumismo e outros mecanismos que entram em ação, não necessariamente institucionalizados, nem previstos ou calculados pelos grupos oligárquicos dominantes; ao contrário, são resultados ou efeitos de qualquer concentração de massa, em que os recursos são menores do que o número de pessoas que aspiram a eles, impondo um ritmo de vida que implica a adaptação de valores diferentes daqueles da vida rural.

O Estado-nação produz hegemonização. Ele nega a possibilidade de diversidade. Isso fica mais claro quando o Estado-nação não está consolidado, como no caso da Bolívia, e requer uma dose de autoritarismo para funcionar.

A tendência deve ser o respeito à diversidade, tanto de fora quanto de dentro das muitas nacionalidades que compõem a pátria, evitando assim imposições elitistas e autoritárias.

Dessa forma, estaremos caminhando para a substituição da democracia representativa pela democracia participativa.

Penalidades policiais e direitos humanos: Parte I

(EL DIA, 13 de junho de 1989)

Na Bolívia, a polícia tem o poder de julgar e punir delitos e contravenções, bem como de classificar vagos e malfeitores, aplicando uma medida preventiva. Examinaremos ambos os poderes.

A situação está descrita na Lei de 11 de novembro de 1886, nos artigos 7, 11, 18, 19 e 20, artigos 8, 10, 11 e 12. A Lei 153 de 9 de janeiro de 1962 estabelece o poder de punir delitos e contravenções no artigo 1, de acordo com os artigos 122 e 125.

Por meio do D.S. 6009, de 23 de fevereiro de 1962, foi estabelecido que as penalidades por delitos e contravenções poderiam ser multas, que seriam usadas para a construção da Academia Nacional de Polícia.

Por meio do D.S. 6010 de 23 de fevereiro de 1962, o que é considerado uma contravenção é determinado nos artigos 1º e 2º.

É aqui que o antigo conceito de "vagabundo" (Lei de 1886, art. 32) é transformado em contravenções policiais, embora as Leis Policiais não o entendem dessa forma, pois continuam atribuindo a si mesmas o poder de classificar "vagos e vagabundos" (D.S. 6406 de 22/03/1963 art. 2, 17; Lei Orgânica da Polícia Nacional de 08/04/1985, art. 7, inciso 1, art. 50).

O D.S. 6406 aprova os regulamentos para julgadores da Polícia. Nesse regulamento, as contravenções são concebidas no artigo 1, que reedita as estabelecidas no D.S. 6010, artigos 1 e 2. Aqui se fixa um máximo de 5 dias de detenção ou multa a ser aplicada.

Na recente Lei Orgânica da Polícia Nacional, promulgada em 04/08/1985, ela os menciona como uma atribuição da Polícia e, mais especificamente, do Juiz de Polícia. Como não há regulamentação, na prática são utilizados os conceitos anteriores, embora essas disposições sejam geralmente ignoradas, ficando a critério do policial, como já foi visto.

A falta de um tribunal para julgar essa penalidade, que faz parte do poder judiciário, continua possibilitando que a polícia (Órgão do Poder Executivo) se transforme em Juiz dos delitos Contravencionais, reunindo todo o poder público. Essa situação é agravada pelo fato de que a apelação é feita perante uma instância também do Poder Executivo (Lei de 1886, art. 84º, perante o Prefeito; Lei 153 de 1962, art. 130º a 132º, juízes de apelação da polícia; D.S. 64006, art. 7, 17, 43 a 48; juízes da polícia de segunda instância; Lei Orgânica de 1985, art. 52).

Na prática, esse "recurso" não ocorre, pois os próprios agentes o desconhecem ou possibilitam sua amnésia, tanto nos condenados quanto neles próprios. Isso contribui para que o Poder Judiciário reduza seus poderes, transferindo-os para o Poder Executivo.

CLASSIFICAÇÃO COMO VAGO E DESOCUPADO

Essa figura foi introduzida na Bolívia por meio da Lei Reguladora da Polícia de Segurança, promulgada durante a presidência de Gregorio Pacheco em 11 de novembro de 1886. Ela estabelece que a polícia tem o poder de denunciar e classificar (art. 10º inc. 7).

A referida Lei é a única em que encontramos o que é considerado vadio e/ou desocupado (art. 31º e 32º). Todos os instrumentos legais posteriores, inclusive a recente Lei Orgânica de 1985, simplesmente mencionam a atribuição da Polícia para a qualificação, mas não estabelecem quem. Isso motiva a validade dessa tipificação (do século passado), na prática; e daí a contínua referência da Polícia a essa Lei, esquecendo-se do resto. Vejamos:

"Art. 31º - São considerados vagos os que não tiverem domicílio conhecido; os que não tiverem ofício, profissão, renda, salário, ocupação ou bens de que viver; os ébrios habituais; os que pedirem esmolas sem serem pobres mendigos qualificados pela municipalidade.

Art. 32º - São vagos os que frequentam diariamente casas de jogo ou de embriaguez; os que vivem de fraudes, enganos, furtos, roubos ou incentivando ladrões e corrompendo os filhos da família, empregados domésticos ou dependentes; os que vivem habitualmente de comércio imoral e escandaloso; os que se dizem adivinhos e feiticeiros".

O recurso para classificar vagos e desocupados também é encontrado na Lei Orgânica da Polícia de 1962, no D.S. 6406 e na Lei Orgânica de 1985.

Há diferenças nos diferentes instrumentos legais quanto a quem é responsável pela classificação, por exemplo, seria um Tribunal (Lei 1886) composto pelo Subprefeito, dois Vereadores, o Promotor Público e o Chefe de Polícia, com as atas sendo lavradas por um Notário, e o Prefeito do Departamento com dois jurados atuando como Tribunal da Alta Corte. A Lei Orgânica de 1962 atribui esse poder ao Juiz de Polícia, estabelecendo um Juiz de Apelação (polícia). Isso também é mencionado nos Regulamentos de 1963 e na Lei Orgânica de 1985.

Quanto ao tempo de "internação para a reforma desses delinquentes em potencial", a lei de 1886 não o estabelece, nem a Lei 153 de 1962. É nos Regulamentos para Tribunais de Polícia (1963) que o tempo de um ano é regulamentado "pela primeira vez", que pode ser dobrado em caso de reincidência. A Lei Orgânica de 1985 não prevê esse aspecto.

Mas, na prática, não é isso que acontece, já que é um funcionário do Departamento de Criminalística que elabora a lista, com a assinatura do diretor de Criminalística; essa lista ou registro é então enviado ao Ministério Público para que um dos funcionários do Ministério Público o assine, e o mesmo acontece na Prefeitura.

Não há ato público de qualificação (art. 16 do Regulamento de 1963), e muito menos a formação do Tribunal (nos termos da comparação com a Lei de 1886). Tampouco é possível a presença de advogados de defesa (no art. 25 do Regulamento de 1963 é possível), porque não há ato ou audiência.

Quando nos deparamos com sanções em termos das características da pessoa e não pelos atos da mesma, estamos diante de uma visão positivista, carregada da velha concepção Lombrosiana. Estaremos punindo sua intencionalidade, sua intimidade; a possibilidade de futuras ações delituosas. Assim, as famosas batidas ou invasões contra esse tipo de pessoas serão justificadas. Suas ações não estão sendo punidas, essa externalização de seu interior, que supostamente os motivaria a cometer crimes, embora isso não seja certo. O estado de perigo sem crime significa extremo desprezo pelo homem, por sua dignidade, bem como a violação do princípio "nullum crimen sine conducta". Isso é ainda mais grave quando há dupla sanção: um registro policial significa o dobro da sanção. Como são criminosos "em potencial", a polícia os registra em cada batida policial para capturá-los e, assim, na próxima batida, prenderá pessoas já registradas ou com antecedentes criminais.

O PERIGO DO QUE É GENERALIZADO

Já dissemos que a obscuridade possibilita a arbitrariedade. Portanto, é muito perigoso sancionar com base em generalizações indetermináveis, deixando ao livre arbítrio do funcionário ou empregado do Poder Executivo a decisão sobre o que sancionar. Essa possibilidade se dá quando se estabelece a necessidade de reprimir e punir sanções que ofendam a "moral e os bons costumes" (Lei 1886 art. 7 inc. i; D.S. 6010 art. 3; Regulamento de 1963 art. 1, inc. 23; na Lei Orgânica de 1985, menciona as manifestações anti sociais, art. 7 inc. c), surge a incerteza sobre o que se entende por "moral" ou "bons costumes", mas, sobretudo, quem o determinará. Em geral, a incerteza sobre o que é proibido e o que não é, possibilita a aplicação dos critérios do policial de forma muito peculiar, e é essa situação que gera a insegurança do cidadão, a vulnerabilidade de suas garantias.

O QUE FOI VIOLADO

Pode-se começar afirmando que o acima exposto viola, entre outras coisas: o princípio de "nullum crimen sine conducta", o princípio de "nullum crimen sine previa lege"; o princípio de igualdade perante a lei; a garantia de objetividade e independência do órgão jurisdicional; o princípio da divisão dos poderes republicanos.

Pode-se dizer ainda que o Estado está em contradição, pois, por um lado, proíbe os cidadãos de caluniar e difamar (Código Penal, artigos 283º e 287º) e, por outro lado, o Estado monopoliza essa prática ao atribuir a si mesmo a capacidade de classificar os cidadãos como decentes e perigosos, sob uma perspectiva marcadamente racista e classista. Especificamente, a situação até agora viola nosso sistema jurídico. Amanhã examinaremos os artigos que ela violou.

Penalidades policiais e direitos humanos: Parte II

(EL DIA, 14 de junho de 1989)

Na primeira parte do estudo realizado pelo advogado Alejandro Colanzi, do Centro de Estudios Jurídicos e Investigações Sociales (Centro de Estudos Jurídicos e Pesquisas Sociais), foi estabelecido o histórico de violações geralmente graves de direitos, especialmente de pessoas carentes que cometeram delitos. Publicamos agora a última parte do estudo e a proposta concreta do CEJIS para uma campanha de conscientização com o objetivo de promover mudanças nessas disposições legais.

A situação descrita acima em relação a delitos, contravenções e minimização de crimes, a qualificação de "vagos e vagabundos" ou o estado perigoso sem crime, e a periculosidade do generalizável e indeterminável, viola nosso sistema legal especificamente nas seguintes leis e artigos.

CONSTITUIÇÃO POLÍTICA DO ESTADO

Art. 6º - Todo ser humano tem personalidade e capacidade jurídicas, de acordo com a lei. Ele usufrui dos direitos, liberdades e garantias reconhecidos por esta Constituição, sem distinção de raça, sexo, religião, opinião política ou de outra natureza, origem, posição econômica ou social, ou qualquer outra.

A dignidade e a liberdade da pessoa são invioláveis. Respeitá-las e protegê-las é um dever primordial do Estado.

Art. 9º - Ninguém poderá ser detido, preso ou encarcerado senão nos casos e de acordo com as normas estabelecidas em lei, exigindo-se, para o cumprimento do respectivo mandado, que este provenha de uma autoridade competente e que seja notificado por escrito.

A detenção incomunicável não poderá ser imposta, exceto em casos de notória gravidade e em nenhum caso por mais de 24 horas.

Art. 10º Todo delinquente "in fraganti" pode ser detido, mesmo sem mandado, por qualquer pessoa, com o único objetivo de ser apresentado à autoridade competente ou ao juiz, que tomará seu depoimento em um prazo máximo de 24 horas.

Art. 10º - Os agentes penitenciários não receberão ninguém como detido, preso ou prisioneiro sem copiar em seu registro o mandado correspondente. No entanto, poderão receber as pessoas detidas nas dependências do estabelecimento prisional, com o objetivo de apresentá-las, no prazo máximo de 24 horas, ao juiz competente.

Art. 12º É proibida toda forma de tortura, coação, exação ou qualquer forma de violência física ou moral, sob pena de demissão imediata e sem prejuízo das penalidades a que estão sujeitos aqueles que aplicarem, ordenarem, instigarem ou consentirem em tais atos.

Art. 14º Ninguém poderá ser julgado por comissões especiais ou estar sujeito a juízes que não sejam os nomeados antes do fato, nem poderá ser obrigado a testemunhar contra si mesmo em matéria penal, ou contra seus parentes consanguíneos até o quarto grau, inclusive, ou seus parentes até o segundo grau, de acordo com a lei civil.

Art. 16º - Presume-se que o acusado é inocente até que se prove sua culpa. O direito de defesa das pessoas em julgamento é inviolável. Desde o momento de sua prisão ou detenção, os detidos têm o direito de serem assistidos por um advogado de defesa. Ninguém pode ser condenado a qualquer pena sem antes ter sido ouvido e julgado em um processo legal; nem deve ser condenado a qualquer pena a menos que tenha sido imposta por uma sentença executória e por uma autoridade competente. A condenação criminal deve se basear em uma lei anterior ao julgamento e as leis posteriores só devem ser aplicadas quando forem mais favoráveis ao acusado.

Art. 116º - O poder judiciário é exercido pela Suprema Corte de Justiça, pelos Tribunais Distritais Superiores e por outras cortes e tribunais estabelecidos por lei. A administração da justiça é gratuita, e os litigantes não podem ser taxados com contribuições não relacionadas ao poder judiciário. Não poderão ser estabelecidos tribunais especiais.

Art. 215º - As forças da Polícia Nacional são compostas pela Direção Geral, pela Guarda Nacional, pela Polícia de Trânsito e pela Direção Nacional de Investigação Criminal. Sua missão específica é a preservação da ordem pública, a defesa da sociedade por meio de seus órgãos especializados e a garantia do cumprimento da lei. A Polícia Nacional é regida por sua lei organizacional. Ela não delibera nem intervém em políticas partidárias.

Art. 228º - A Constituição Política do Estado é a Lei Suprema do sistema jurídico nacional. Os tribunais, juízes e autoridades a aplicarão preferencialmente às leis, e estas, preferentemente a quaisquer outras resoluções.

Art. 235º - Ficam revogadas todas as leis e disposições que se oponham a esta Constituição. Nenhuma servidão de qualquer espécie é reconhecida e ninguém pode ser obrigado a realizar trabalho pessoal sem seu pleno consentimento e remuneração justa. Os serviços pessoais somente poderão ser exigidos quando assim estabelecido por lei.

CÓDIGO PENAL

Art. 5º - O direito penal não reconhece qualquer privilégio ou regalia pessoal, mas suas disposições se aplicam às pessoas que, no momento do ato, eram maiores de dezesseis anos de idade.

Art. 25º - A punição inclui penas e medidas de segurança. Seus objetivos são a correção e a reabilitação social do infrator, bem como o cumprimento de funções preventivas gerais e especiais.

Art. 37º - Compete ao juiz, levando em conta a personalidade do agente, a maior ou menor gravidade do fato, as circunstâncias e as consequências do delito: 1) tomar conhecimento direto do sujeito, da vítima e das circunstâncias do fato, na medida exigida em cada caso; 2) determinar a pena aplicável a cada delito, dentro dos limites legais.

Art. 43º - O juiz deve impor as medidas de segurança mais adequadas aos reincidentes, aos infratores habituais e aos infratores profissionais, além das penas aplicáveis aos delitos cometidos.

Art. 48º - A pena de prisão deve ser cumprida em uma penitenciária organizada de acordo com os princípios do sistema progressivo, no qual o trabalho remunerado obrigatório e a assistência educacional constituem meios de reabilitação social.

Art. 49º - Se mais da metade da pena tiver sido cumprida em uma penitenciária e se tiver sido observada boa conduta, os prisioneiros condenados poderão ser transferidos para uma colônia penal agrícola-industrial.

Art. 54º - Os prisioneiros condenados que não tiverem um ofício conhecido deverão ser obrigados a aprender um. Aqueles que forem analfabetos receberão a educação básica correspondente.

Art. 70º - Ninguém poderá ser condenado a nenhuma pena sem ter sido ouvido e julgado de acordo com o Código de Processo Penal. Nenhuma pena poderá ser executada a não ser em virtude de uma sentença proferida por uma autoridade judicial competente e em conformidade com uma lei, nem poderá ser executada de outra forma que não a estabelecida na lei.

Art. 75º - O produto do trabalho de pessoas condenadas deverá ser usado para os seguintes fins: 1) reparar e compensar os danos causados pelo delito, quarenta por cento; 2) formar um fundo de reserva a ser entregue à pessoa condenada quando de sua libertação, ou a seus herdeiros se ela morrer antes, trinta por cento; 3) cuidar de sua família, se ela precisar de assistência, trinta por cento. Se a responsabilidade civil tiver sido satisfeita, ou se a família não estiver em necessidade, o fundo de reserva deverá ser aumentado.

Art. 78º - O Estado, por meio de lei especial, organizará um Serviço de Assistência Social especializado, com o objetivo de assistir a vítima, a pessoa punida, a pessoa libertada e sua família.

ART. 364º - Revoga-se o Código de 6 de novembro de 1834 e todas as demais leis e disposições contrárias à presente lei.

CÓDIGO DE PROCESSO CIVIL

Art. 1º - Ninguém poderá ser condenado a qualquer penalidade sem ter sido ouvido e julgado de acordo com as disposições deste Código ou de leis especiais em vigor. Qualquer penalidade de natureza criminal imposta sem a observância das regras acima será considerada inexistente, assim como os procedimentos que a declararam imposta.

Art. 2° Ninguém poderá ser julgado por omissões especiais ou submetido a juízes que não sejam os nomeados antes do fato, nem poderá ser obrigado a testemunhar contra si mesmo em matéria penal.

Art. 3º - O acusado será presumido inocente até que se prove sua culpa. O direito de defesa da pessoa em julgamento é inviolável. Desde o momento da prisão ou detenção, os detidos têm o direito de serem assistidos por um advogado de defesa. Ninguém pode ser condenado a qualquer pena sem antes ter sido ouvido e julgado em um processo legal, nem deve estar sujeito a qualquer pena a menos que tenha sido imposta por uma sentença executória e por uma autoridade competente.

CÓDIGO PARA MENORES

Art. 56º - Nos processos penais em que um menor maior de 16 anos e menor de 21 anos figure como sujeito ativo do fato delituoso, será indispensável que o representante da Direção Regional de Menores ou de um organismo de sua dependência assista a todos os procedimentos do caso, sob pena de nulidade.

Art. 58 - Os menores de 21 anos e os maiores de 16 anos, quando for necessária a privação da liberdade, serão mantidos em alas especiais nos estabelecimentos penitenciários, com absoluta separação dos internos adultos.

As condições disciplinares e de vida dos menores nessas alas devem ser assistidas pelos serviços técnicos da Direção Regional para Menores. Em nenhuma circunstância os menores a que se refere este artigo serão vigiados por pessoal armado, nem serão submetidos a castigos corporais de qualquer tipo. O diretor, o juiz de vigilância ou o pessoal de custódia que infringirem esses preceitos serão processados por abuso de autoridade, de acordo com o artigo 153 do Código Penal.

Art. 59º - É proibido o julgamento público de menores, bem como a publicação de informações orais, gravadas, gráficas ou escritas sobre os fatos em que estiveram envolvidos. Aqueles que fornecerem esse tipo de notícia ou a publicarem serão considerados infames ou caluniadores.

Art. 113º - Os menores de 16 anos são absolutamente inimputáveis em matéria penal. Quaisquer infrações, contravenções ou delitos cometidos por eles darão lugar ao tratamento correspondente, de acordo com o estabelecido pelo Juizado de Proteção de Menores.

Art. 114º - Considera-se conduta irregular todo menor de 16 anos que cometa um delito, contravenção ou delito previsto neste Código. A conduta irregular pode ser leve ou grave. É leve quando se deve à leviandade ou imperícia do menor, e grave quando ele reluta aos tratamentos biopsicossocio-pedagógicos.

Art. 116º - Quando a prática de um delito envolver adultos e menores de 16 anos, os primeiros serão julgados pelo juiz criminal ordinário e os segundos passarão à jurisdição e competência do Juizado de Menores.

Art. 117º - No cometimento de crimes ou contravenções julgados por juízes ordinários, as declarações informativas que o menor de 16 anos, como sujeito ativo ou passivo, deva prestar no processo serão prestadas única e exclusivamente perante o Juizado de Menores, sem a presença do Ministério Público, advogados ou interessados.

Para tanto, o juiz ordinário deverá expedir uma carta rogatória inserindo os interrogatórios. É vedado ao menor assistir às reconstituições. O Juizado de Menores atuará sem as formalidades de uma audiência pública.

A PROPOSTA

Propomos o seguinte: a) modificar as leis e regulamentos da polícia, anulando o poder que ela tem de julgar e punir delitos, contravenções e a classificação de vagos e desocupados; b) reconhecer o Poder Judiciário como única instância para julgar e punir; c) incorporar toda a legislação menor ao Código Penal, reconhecendo todas as garantias e princípios constitucionais; d) rejeitar a presença de figuras jurídicas que impliquem direta ou indiretamente a concepção de um "estado perigoso sem crime".

Bolivia... País mendigo

(EL DEBER, 27 de junho de 1989)

Há algum tempo, um grande amigo me disse que nosso país estava cheio de mendigos. Ele me deu suas razões para pensar que nossos governantes também são mendigos.

É verdade que nos últimos anos o número de mendigos aumentou escandalosamente. Também é verdade que estamos vivendo do tráfico de drogas e de "esmolas" internacionais. Mas isso é recente? Não. Acho que não.

O agora quase esquecido personagem sucreano Don Gustavo Navarro (mais conhecido como Tristán Marof) me disse certa vez que o Dr. Víctor Paz, quando a solução para os problemas alimentares escapou de seu controle, enviou um telegrama aos ianques pedindo ajuda porque havia fome no país. Lembremos que isso ocorreu em meio ao processo "revolucionário" do movimentismo. Portanto, acredito que a mendicância não é um fato recente.

É necessário analisar essa realidade. Primeiro, descobrir como ela surgiu e quem se beneficiou dela e, depois, procurar uma saída.

Com as mudanças de 1952, a democracia representativa começou a tomar forma. Embora os mecanismos de participação tenham sido ampliados, em termos do número de bolivianos, as soluções para os principais problemas continuaram a ser mecanismos verticais e de cima para baixo: características da democracia representativa. Isso possibilita que um presidente peça esmolas em nome das necessidades do povo, pois, caso contrário, seu consenso diminuirá. E assim começa um círculo vicioso. Os cidadãos pedem, os governantes procuram uma solução rápida e fácil, em troca de algo, é claro. Os cidadãos se acostumam a procurar e esperar por soluções vindas de cima, e os governantes esquecem seus projetos políticos (ideologia) e entram no pragmatismo de dar o que o povo pede, para não perder seu apoio.

Em processos de certa continuidade, isso tende a se tornar mais agudo. É então que se inicia um deslocamento do ideológico pelo pragmático (embora o pragmatismo tenha sua ideologia), como estamos vendo em nosso país, onde o discurso ideológico por si só

(I.U., PS-1, etc.) está sendo deslocado, com a grande ajuda de suas lideranças partidárias devido ao seu desajuste histórico.

Mas o mais alarmante é que a mendicância de colarinho branco causa a perda da mística, da localização histórica e, acima de tudo, da dignidade. Basicamente... PROSTITUI! Ela domestica as vontades no melhor estilo pavloviano. Todos nós colocamos os mecanismos de justificação para funcionar. "Quem nos der, nós o receberemos e o usaremos contra ele", dizemos. Mas acontece que o usaremos contra, se não a favor, pois reproduzimos o mesmo com os outros e, no final, transformamos isso em um modo de vida.

As campanhas políticas aceleram a consolidação dessas estruturas, por causa da mendicância a que nos expõem e porque imploram por financiamento.

Contra atacar, participando de nossos problemas e soluções, sem delegar nossa dignidade, pode ser a saída. É necessário repensar nossas verdades, nossos projetos. Vamos desideologizar, buscando novos mecanismos de enfrentamento. Vamos ideologizar depois, para não perdermos o rumo.

Lo que mi hijo no sabe

(EL DEBER, 18 de julho de 1989)

Meu filho é membro do movimento escoteiro: ele é um escoteiro. Em seu grupo (matilha), eles estão se especializando em ecologia ou conservacionismo. Isso significou mudanças em casa, porque temos de contribuir para a conservação do planeta, como meu filho nos diz.

Andando pelas ruas e com uma preocupação constante com a deterioração do planeta, expliquei ao meu filho que ele não deveria se preocupar tanto, pois a humanidade começou a se conscientizar do problema e, por isso, grandes somas de dinheiro estão sendo investidas para melhorar a situação. No meio do diálogo, várias crianças se aproximaram de nós (algumas delas carregavam seus irmãos, bebês, que pareciam tão desnutridos que pareciam cadáveres). Elas estavam pedindo dinheiro ou ajuda com algo que pudessem ganhar: elas queriam comer.

Nós nos afastamos do grupo. Meu filho caminha em silêncio. Depois de um tempo, ele pára e me interrompe: "Papai, em vez de gastar tanto dinheiro para preservar o mundo, por que você não o dá às crianças pobres para que elas possam comer, vestir roupas, ir à escola e comprar brinquedos? O diálogo que se seguiu foi longo e lento. Eu dei a resposta, do meu ponto de vista, é claro.

Acho que meu filho, com todas as limitações que ele tem (ou que achamos que as crianças têm), entendeu a essência do ambientalismo, o que deve ser defendido: o HOMEM.

O que meu filho não sabia, até me fazer sua pergunta, é que o auge do ambientalismo tem uma explicação. Na Europa, eles resolveram - eu acho - o principal problema de pão, educação e moradia; agora estão preocupados com o problema que eles mesmos criaram ao destruir grande parte de sua flora e fauna e entrar na fase do industrialismo. Nós compramos a história - como no caso do problema das drogas - de que somos a solução para o problema deles se conservarmos o que temos.

Em seguida, nos lançamos em uma defesa total, às vezes ampliando e às vezes nos desorientando. E essa perspectiva errônea nos é vendida até mesmo em filmes como "Gotitas en la niebla".

A Bolívia tem um grande problema, que é a fome. Também tem o problema da saúde, da educação, do trabalho, etc. Conservar nossa flora e fauna porque são bonitas não faz sentido. Conservar ou usá-la racionalmente para resolver os problemas básicos dos bolivianos é uma prioridade. A divisão do mundo - na qual os bolivianos não interviram - nos obriga a ser produtores de matérias-primas, o que permite continuar destruindo nossa flora e fauna e, portanto, nosso homem. O pagamento da dívida continua a nos forçar a agravar esse problema. Os países industrializados estão nos forçando a conservar e a pagar. Eles estão pedindo demais: podem ficar sem os dois.

Germes dos esquadrões da morte

(EL DEBER, 1 de agosto de 1989)

Um batedor de carteiras, artista da fuga (aquele que se apropria de algo e foge), vinha enganando a polícia com frequência; como era jovem e rápido, não conseguia pegá-lo. Uma noite, enquanto caminhava pela rua com seu "cortejador", três policiais o encontraram. Certa noite, enquanto caminhava pela rua com sua namorada, foi recebido por três policiais; o fugitivo estava prestes a enganá-los novamente, mas quando conseguiu romper o cerco e iniciar sua corrida rápida, ouviu-se um tiro, o fugitivo deu mais dois passos e caiu. Os três policiais evitaram uma nova brincadeira, atirando nas costas do homem que não pegaram porque ele era ágil e rápido.

Nos últimos dias, a mídia registrou outro incidente. Um indivíduo tem fugido dos policiais. Um sargento consegue alcançá-lo e, em circunstâncias pouco claras, que precisam ser esclarecidas, o policial saca a arma, atira... mas ela estava emperrada; e é nesse momento que o assediado aproveita a oportunidade para usar sua própria arma, atirando nele. Ele poderia tê-lo matado. O tiro na perna deve motivá-lo a ver que ele não tinha a intenção de matá-lo. A polícia começa a procurá-lo. Durante três dias, ele parece escapar dos cercos, até que é encontrado com sua esposa: "A brigada procedeu à sua prisão, à qual ele tentou resistir, apesar do fato de estar armado com uma pistola 9 milímetros". Quando estava sendo transportado em uma van, ele tentou fugir e, devido ao perigo, foi baleado nas costas, matando-o.

É conveniente dar asas à imaginação, em primeiro lugar porque a mídia não registra tudo, neste caso somente o que é oficial, e, em segundo lugar, porque é necessário dar respostas às perguntas.

Se o brasileiro for preso e desarmado, provavelmente também foi algemado. Se ele foi colocado em uma van, há apenas duas possibilidades: ele estava na cabine ou na parte de trás. Do táxi era impossível escapar, algemado e sentado no meio de dois policiais. Se ele estava na parte de trás da van, provavelmente estava sentado, o que é uma posição bastante desconfortável para se levantar, pular e correr, ainda mais se suas mãos estivessem algemadas. Além disso, como é possível escapar correndo com as mãos amarradas, se mais de 10 policiais o estão observando (conforme registrado na mídia)? Como é possível que tantos homens não tenham conseguido pegá-lo e tenham que atirar pelas costas; caso contrário, eles teriam que correr mais (algo muito fácil por causa das mãos amarradas do perseguido), ir em frente e atirar na frente dele. Além disso, como é possível que haja hematomas no peito, de acordo com a foto do jornalista? É claro que tudo depende de nossa imaginação.

Outro aspecto que deve ser levado em conta, e que se repete em ambos os casos, é o uso da arma para impedir a fuga de alguém, se é que estava fugindo, pois há muitas brechas nesse sentido. Deve-se lembrar que o uso de armas tem seus requisitos: os policiais não podem usá-las sem mais nem menos, menos ainda contra pessoas desarmadas e menos ainda pelas costas.

Isso é alarmante. É alarmante porque parece que foi tomada a decisão de eliminar a pessoa considerada "criminosa". Ele seria condenado à morte... sem julgamento! E isso lembra os esquadrões da morte. Tenha cuidado, pois eles podem chegar a nós a qualquer momento.

Democracia e direitos humanos

(EL DEBER, 28 novembro de 1989)

Parecia que a luta pelos direitos políticos era a prioridade na presença de governos de fato. Agora que a democracia chegou, vemos que os direitos políticos fazem parte dos muitos direitos do povo, talvez menos importantes do que outros.

O fato de estarmos vivendo nossa primeira década de democracia não significa que aceitamos suas deficiências, que levam à falta de conhecimento dos direitos das pessoas. Pelo contrário, isso deve nos motivar, para que nos sintamos arquitetos de nossa própria forma de convivência social, econômica e política. Se estamos no início da vida democrática, há muito a ser construído, e isso deve nos encorajar, mas também nos motivar a agir com muita responsabilidade, pois construiremos algo que nos servirá e será recebido por outras gerações.

Essa grande responsabilidade deve nos fazer planejar, fazendo-nos aceitar o que não pode ser feito imediatamente, mas também priorizar o que tem uma solução possível.

É necessário ter em mente que muitos direitos são violados pela sociedade política, porque a maioria da sociedade civil desconhece seus direitos e garantias. Por isso, é preciso iniciar uma grande mobilização de educação sobre os direitos das pessoas.

Dentro dessa mesma ideia de educação, deve-se construir um sistema educacional que garanta, a médio e longo prazo, que gerações de pessoas estejam imbuídas de conhecimento sobre seus direitos e garantias. Ao mesmo tempo, é necessário iniciar uma mudança no treinamento de seus membros na sociedade política, coincidindo com o que é oferecido na sociedade civil.

A médio prazo, é necessário transformar muitos órgãos de direito, adaptando-os à realidade, principalmente ao torná-los mais coerentes com os direitos e garantias dos indivíduos. Para isso, deve ser formada uma Comissão de Reforma do Estado, composta por especialistas, com o objetivo de levantar propostas, promover sua discussão em nível nacional, etc.

Tudo o que foi dito acima é apenas o começo. A verdadeira democracia, que garante os direitos humanos, consiste em conseguir uma maior participação, especialmente na distribuição da riqueza. Não adianta educar e modernizar as estruturas jurídicas se houver estômagos vazios que aumentem a mortalidade. É necessário parar de marginalizar, envolvendo os cidadãos - até então de segunda, terceira ou nenhuma classe - dando-lhes oportunidades e, para isso, devemos primeiro construir essas oportunidades.

Juventude e oportunidades

(EL DEBER, 9 de janeiro de 1990)

Constantemente ouvimos e lemos reclamações contra os jovens de hoje, dizendo que eles não são os mesmos das gerações anteriores: "agora são folgados e viciosos". Além de ser uma meia verdade ou relativa, já que muitos fatores não são analisados, isso nos motiva a resgatar algo importante; há um ditado popular que diz "prevenir é melhor do que remediar", e para as crianças, futuros jovens, o que está sendo feito, há alguma política de prevenção?

Estamos acostumados a "exigir" este ou aquele remédio quando a doença aparece, mas até agora não vemos que tenha sido oferecido um plano para evitar certos males para que não se reproduzam nas gerações futuras.

Acredito que um aspecto desse plano de prevenção dos sonhos é a questão das oportunidades. Isso inclui o problema da falta de apoio ao ensino superior (3º ou 4º grau). Você já pensou, leitor, como é frustrante não poder realizar um sonho? Já se perguntou quantos jovens brilhantes estão por aí fazendo qualquer coisa, menos o que sua capacidade e vontade lhes permitiriam fazer? Muitos deles, jovens brilhantes, ficaram frustrados por não terem os meios para continuar estudando.

Chama a atenção o fato de que a ÚNICA instituição Camba que ajuda os jovens a continuarem seus estudos por meio de bolsas e empréstimos (mas BOLSAS no final das contas), é como um mendigo pedindo colaboração, batendo em todas as portas; e o mais incrível é que lhe é negado apoio para continuar colaborando na realização de sonhos.

O CIDEP foi rejeitado pelo projeto em que os pais de alunos de escolas públicas pagariam a quantia de $us. 3 por ano (9 Bs, divididos por 12 meses = 0,75 centavos por mês). Isso equivale a sacrificar menos de um recreio por mês. Se forem sacrificadas 3 idas ao cinema em um ano, essa contribuição será coberta. Para pagar as taxas, os pais iriam sacrificar 3 ou 4 cervejas por ano; em cigarros, seriam 3 ou 4 maços por ano. Isso não é possível? Se não é possível... É NECESSÁRIO! Ainda não surgiu outra instituição em Santa Cruz para minar a existência do CIDEP; enquanto isso não acontecer, devemos apoiá-lo, pois apoiamos nossos jovens.

Aproveitamos aqueles que contribuem para a melhoria de nossa sociedade, se eles têm defeitos, vamos fazer com que os superem, mas sem deixar de apoiá-los.

O Ministério Público como parte civil

(EL DEBER, 13 de fevereiro de 1990)

Uma vez que é necessário consolidar a verdade histórica, é preciso, antes de entrar no assunto, esclarecer certas ações. Foi dito que foi o Ministério Público que "...tomou as medidas cautelares para a descoberta dos crimes cometidos..." na Fazenda dos Espelhos. Isso não é verdade. Primeiro foi procurada a Prefeitura, de onde foi emitida a ordem de exumação, mas essa possibilidade foi diluída diante da oposição do então governador da Fazenda. Dois dias depois, foi feita uma denúncia ao Ministério Público, que também ordenou as exumações, mas essa ordem foi obstruída pelo então Comandante Departamental da Polícia. E somente três semanas depois, quando apresentamos a queixa ao Juiz de Instrução, foram marcados data e hora para a inspeção e os especialistas propostos foram aceitos e, a partir daquele momento, tudo o que é conhecido como o HOLOCAUSTO de Espelhos tornou-se conhecido.

Como resultado da denúncia, que levou a um processo criminal para determinar quem é ou são os responsáveis pelos crimes cometidos ali, surgiu uma discussão sobre o papel que a Fiscalía e/ou o Ministério Público devem desempenhar. Devemos refletir sobre isso, pois é de grande importância para o caso acima mencionado e para o trabalho que a Fiscaliza realiza diariamente.

Concordamos com o Presidente da Ordem dos Advogados e com o Promotor em relação ao fato de que o Ministério Público só se torna parte civil quando o Estado sofre danos. A esse respeito, devemos primeiro nos perguntar o que queremos dizer com Estado. Se aceitarmos a antiga concepção de que o Estado é "um grupo politicamente organizado de pessoas que se desenvolve em um determinado território e persegue um objetivo específico", então já estaremos progredindo. Primeiro, porque não vamos confundir o Estado com o "aparato estatal" (entendido como Administração Pública em geral); e segundo, porque visualizamos claramente que a parte essencial desse conceito é "o grupo de pessoas", já que ele é a base da categoria ESTADO. Em outras palavras: é o homem o elemento primordial do Estado.

A segunda questão sobre a qual precisamos refletir diz respeito ao que foi afetado principalmente na Fazenda de Espelhos. Além da gestão econômica duvidosa, foi denunciada e comprovada a existência de um cemitério clandestino. Isso é o principal: pessoas foram assassinadas... muitas pessoas!

Pelo exposto, temos que concordar logicamente que o Estado foi afetado em sua essência.

Quando defendemos que o Ministério Público - ou seja, as Comissões Parlamentares e a Fiscalía - deve ser parte civil, o fazemos com base em preceitos legais de substância e forma.

Além do que está estabelecido na Constituição Política, na Lei de Organização Judiciária e no Processo Penal, em termos das funções do Ministério Público, devem ser observados os artigos 13 e 15 do Processo Penal. No caso de Espelhos, o Estado está ofendido e ferido, ou todos os bolivianos não se sentiram ofendidos pelo genocídio perpetrado ali?

Se a queima de um símbolo como a bandeira é uma ofensa ao povo boliviano, o assassinato sistemático de cada parte da Pátria é ainda mais, porque a Pátria somos nós, os bolivianos. E mais do que uma ofensa, foi um dano de todos os pontos de vista: material, legal, político, humano, religioso etc.

Então, qual é a contra fundamentação? Não nos esqueçamos de que, no caso que nos obriga a fazer essas reflexões, não é apenas a veracidade do que aconteceu em Espejos que está em jogo; o que está em jogo, principalmente, é a continuidade do círculo de impunidade, que está se consolidando como normal e, se assim for, as novas gerações não terão referências contrárias; elas verão tudo como normal: corrupção, abusos, assassinatos, etc. É agora; esta é a oportunidade e o momento de iniciar uma atitude contrária, diluindo o antivalor. O que estamos esperando?

O Processo Penal e Sistema Penitenciário: Localização do Processo Penal Boliviano

(EL DEBER, 3 de abril de 1990)

A Bolívia conquistou sua independência da Espanha em 1825, uma ação que foi inspirada pelos postulados liberais burgueses que estavam sendo consolidados na Europa. Apesar disso, muito pouco desses postulados se concretizou. Em 1952, houve progresso nessa perspectiva, já que os grandes feudos foram destruídos com a reforma agrária, a mineração foi nacionalizada, o sufrágio universal e a igualdade perante a lei foram alcançados, embora isso tenha acontecido, houve muitas áreas em que esse progresso não foi feito (em nível econômico e ideológico) e o almejado ESTADO NACIONAL não foi consolidado.

Em outras palavras, há declarações democráticas liberais, mas os modelos anteriores são mantidos, tanto em nível estrutural ou econômico quanto em nível superestrutural ou ideológico (incluindo o jurídico).

Dentro dessa realidade está nosso sistema jurídico e, mais especificamente, nosso Processo Penal (P.P.), que se pretendia misto, como está descrito em alguns de seus artigos, só que no resto dos artigos se nega essa "mistura e justaposição" de sistemas processuais, anulando o sistema acusatório; é claro que também não podemos ver nele um sistema inquisitório puro, já que foram incorporados elementos e princípios liberais impostos em nível internacional.

É necessário ter em mente que o ESTADO NACIONAL não está consolidado; e enquanto isso acontecer, veremos contradições e negações dele em todos os campos de nossas sociedades: em outras palavras, vivemos em um ESTADO NACIONAL INCONCLUSIVO.

CORRESPONDÊNCIA DE PRINCÍPIOS ENTRE A CONSTITUIÇÃO E O PROCESSO PENAL BOLIVIANO.

Se a Bolívia realiza o que foi descrito no ponto anterior, ainda mais sendo subscritora da Declaração de San José e de outras declarações inspiradas nos princípios democráticos burgueses das revoluções francesa e americana, é compreensível, portanto, que incorpore esses princípios em sua Constituição Política do Estado (C.P.E.), como está fazendo atualmente. Assim, temos uma transposição de muitas das declarações da Declaração dos Direitos Humanos para a atual C.P.E. de 1967.

Por um lado, temos os princípios constitucionais, que também estão transcritos no P.P., mas, por outro lado, observamos um procedimento real que não corresponde à diretriz constitucional; além disso, nega as garantias constitucionais.

Dentro dessa incoerência, podemos ver que a enunciação pública, oral e contínua do art. 224º do P.P. - estando de acordo com o discurso político, histórico e cultural do C.P.E. - é apenas isso, enunciação. O procedimento real é restrito (pois prevê a participação do público), escrito, descontínuo e o contraditório é limitado pela direção dada pelo juiz; em outras palavras, o procedimento corresponde a um estágio histórico-político-cultural anterior ao correspondente do C.P.E. Da mesma forma, podemos observar que, em consonância com o discurso constitucional, a presunção de inocência é incorporada ao P.P. como um enunciado, mas o mesmo corpo jurídico a nega ao viabilizar a prisão preventiva, ao impor a presunção de culpa medieval ou inquisitorial, ao negar a qualidade de sujeito de direito e ao rebaixar o acusado à categoria de objeto.

Há outras inconsistências legais entre o C.P.E. e o. P.P., mas, acima de tudo, entre o discurso político histórico e cultural e esses dois corpos de lei.

O PROBLEMA CARCERÁRIO

Uma das consequências do que foi dito acima é a realidade do sistema prisional, onde há claramente uma alta porcentagem (cerca de 90%) de detentos sem condenação, presos condenados que não são libertados por não disporem de certos recursos e pessoas que, após anos de julgamentos, são condenadas a penas inferiores ao tempo em que estiveram detidas.

A superlotação é um aspecto que não é tratado em profundidade, estruturalmente. Não se buscam alternativas às penas privativas de liberdade, nem se utilizam as alternativas disponíveis.

A violação dos direitos fundamentais é percebida em todas as instâncias das duas áreas tratadas: Processo Penal e Sistema Prisional.

CONCLUSÃO

Todo o trabalho a ser realizado deve ser direcionado para os seguintes objetivos: Adaptar o Processo Penal do Sistema Prisional ao momento político histórico.O maior respeito possível aos direitos humanos. Incorporar experiências e tecnologias estrangeiras, observando e aperfeiçoando aquelas que têm sido utilizadas socioculturalmente em nosso país. Na medida do possível, economizar, fazendo uso eficiente do que temos.

O crime e o rasgar das vestes

(EL DEBER, 17 de abril de 1990)

Uma das muitas qualidades do Novo Testamento é que ele registrou eventos que se repetiram em todos os tempos e lugares. Uma passagem bíblica aponta que alguns sacerdotes rasgaram suas vestes diante da verdade que Jesus demonstrou a eles; uma verdade que os deixou desconfortáveis porque questionavam a vida que levavam.

Constantemente vemos e ouvimos que este ou aquele sacerdote foi denunciado por corrupção, prevaricação, etc. Quem denuncia, geralmente, "rasga" suas roupas, e não porque tem um Jesus diante de si.

É necessário deixar claro que o crime, como tal, é uma construção social (cultural ou econômica); como tal, não existe uma conduta que, em todos os tempos e lugares, seja considerada crime. O "crime" varia de acordo com a época e o local, as condições econômicas e culturais (inclusive a religião). Assim, nos EUA houve a Lei Seca, sob circunstâncias econômicas, religiosas e políticas que merecem ser examinadas; atualmente, o consumo de bebidas alcoólicas é muito comum naquele país. Poderíamos dizer, tomando emprestada a abordagem dialética de Foucault, que o crime é o produto de um processo que é construído dia a dia.

Tendo esclarecido o que foi dito acima, também devemos ter claro que a descoberta dessa construção social chamada crime é produto de outra construção social, na qual intervêm desde o acaso até os interesses pessoais: devemos admitir que por trás de todo altruísmo estão camuflados interesses pessoais (conscientes ou inconscientes); há certas condições que tornam possível denunciar um crime ou outra ação vista como negativa ou marginal.

Entretanto, denunciar ações que são vistas - de forma circunstancial - como negativas, em vez de acreditar que se é puro e rasgar as vestes, é outra questão, e há uma grande diferença. Aqueles que denunciam a "imoralidade" tendem a acreditar que são puros.

Em nossa sociedade, devemos ser muito críticos quando ouvimos alusões à "moralidade", "honestidade", etc. A raça dos "honestos" e "morais" está em extinção e, em geral, aqueles que a impunham estão lá para encobrir sua frustração ou incapacidade por não terem sido aqueles que cometeram tal "barbárie".

Há setores de nossa sociedade, tantos que estão de um lado, que o problema para eles é quem fecha a porta?

É preciso não se tornar cúmplice, consciente ou inconscientemente; sem acreditar que se é um messias tão puro, começar distinguindo que neste momento há ações que produzem muitos danos, continuar dizendo NÃO! Chega! vamos esclarecer, vamos distinguir e não vamos tolerar: vamos mudar, você, eu e ele. Nós precisamos disso.

Com autorização para matar

(EL DEBER, 15 de mayo de 1990)

Parece que o direito de matar é apenas uma ficção, típica dos modernos agentes de espionagem ou policiais norte-americanos, que aparentemente não se importam se matam pessoas ou ratos, embora sempre tenham o cuidado de projetar a imagem de um confronto, onde o agente ou policial é atacado com armas mais poderosas, certificando-se de que a reação desses agentes da lei seja enquadrada como LEGÍTIMA DEFESA.

Sempre acreditamos que aqueles que tinham permissão para matar estavam agindo clandestinamente ou, como disse um criminologista venezuelano: "construindo um sistema penal subterrâneo". Acreditamos que aqueles em nossa região que admitiram publicamente a aplicação da desumana e erroneamente chamada "lei" da fuga, o fizeram com o entendimento de que isso era legal, ou seja, por ignorância das leis em vigor em nosso país.

Nos últimos dias, ficamos alarmados com a declaração de uma autoridade, com formação jurídica profissional, de que aqueles que fogem da prisão devem ser detidos: "atirando neles para MATAR"! Sim, para matar! O argumento é que a violação do direito à vida de uma pessoa, quando a insegurança do resto da comunidade está em perigo, é insignificante.

Vamos dar uma olhada nesse raciocínio claro:

A doutrina da Segurança Nacional, que serviu para perseguir esquerdistas (no orbe capitalista) e vermes contra revolucionários (no orbe socialista), baseia-se principalmente em um raciocínio jurídico semelhante ao citado acima; assim, temos que a segurança da nação é primordial e que, diante desse objetivo nacional, os direitos dos indivíduos estão subordinados; em outras palavras: Quando os direitos dos membros (individuais) da sociedade ou nação não estão de acordo com os objetivos que um determinado grupo definiu como "objetivos nacionais", então os direitos individuais são simplesmente suprimidos. Assim, em nome de objetivos nacionais nobres e grandiosos, jovens, adultos e idosos foram assassinados, estuprados, perseguidos e crianças desapareceram, tiradas de seus pais e entregues a estranhos. Foi a era obscurantista, da qual até mesmo seus protagonistas, que agora agem como democratas, mostram implicitamente que a negam.

Por outro lado, autorizar a polícia a atirar para matar é colocar em prática a permissão para assassinar (com todas as características de assassinato e não de homicídio), é colocar em prática a LEI DA FUGA. Com outro agravante: a qualquer momento, podem aparecer pessoas mortas que estavam "tentando fugir" e que são simplesmente o produto de um acerto de contas.

Sem entrar nas categorias da criminologia crítica, apenas raciocinando como um advogado liberal: a licença para matar que a polícia agora tem oficialmente significa um atentado à ordem jurídica vigente, pois qualquer transgressão contra todos os que dela se beneficiam: agora ele será um criminoso, mas amanhã... quem sabe?

Essa permissão para matar é uma punhalada nas costas do fraco estado de direito. Além disso, ouso dizer que a classe política nega o estado de direito a todo momento: em vez de construí-lo, ela o destroi. Isso é alarmante, pois a única segurança para o cidadão, na ausência do estado de direito, será a de seu revólver no cinto.

O perigo de um mau exemplo

(EL DEBER, 24 de abril de 1990)

Há escolas de criminologia que sustentam a tese de que a delinquência é "aprendida", ou seja, que o que algumas pessoas fazem é incorporado em sua estrutura de valores.

É assim que tentam explicar a delinquência dos setores marginalizados, mas também - e mais tarde - a delinquência do "colarinho branco" (como um dos fatores que a produzem). O fato de ter esse exemplo produz continuamente a visão de que isso foi bem feito, ou seja, foi visto como normal, e assim foi, porque atos "normais" foram reproduzidos.

Essa tese é apenas parcialmente verdadeira, pois o fenômeno da DELINQUÊNCIA, sendo uma construção social e produto de um processo social, envolve tais fatores (econômicos, políticos, sociais etc.). De qualquer forma, esse aspecto é importante e válido: a apreensão do comportamento. Se algo for mostrado continuamente a uma criança, ela acabará vendo isso como normal.

O grande problema que está sendo criado, e que será um legado para as novas gerações, é o de uma sociedade onde a IMPUNIDADE está se consolidando como normal. Muitas coisas negativas são denunciadas, dando início a uma valorização do negativo por causa de sua permanência contínua na opinião pública; mas isso é apenas o começo, pois a denúncia do negativo continua sendo apenas isso: simples denúncia. Parece que ninguém quer se comprometer com mais nada; parece que ninguém quer criar problemas para si mesmo assumindo os corpos supostamente mortos dos outros. Covardia, comodismo, insensibilidade ou como quer que se chame, a verdade é que o que foi denunciado continua sem solução. Aqui surge o outro problema, uma vez que o processo de equilibrar o desequilibrado não existe: ele não é reparado e devolvido ao equilíbrio: O DESEQUILÍBRIO É EQUILIBRADOR!

Poderia surgir a tese de que não deveria ser denunciado, assim não haveria "lições ruins". Essa chantagem é absurda; além disso, ao não "destruir" certas instituições, muita corrupção foi encoberta, mas no final foi destruída: elas caíram sob seu próprio peso. Evitar de fato a destruição é corrigir a falha e não encobri-la.

O pragmatismo ocidental tem a tendência de reduzir essa negatividade até o ponto em que ela seja útil e funcional, de modo que esse "mau" (relativamente controlado) não seja suficiente para desequilibrar os valores "positivos" que são injetados ao destacar seus gerentes: herois, prêmios institucionalizados, etc.

Em nossa sociedade, a pessoa honesta é vista como o pobre tolo que não aproveita as oportunidades; isso já é um produto de ver o anormal, o negativo, como normal.

As novas gerações, os jovens que nos seguem, estão recebendo uma herança, um legado, do qual, amanhã, poderemos nos arrepender.

¿Violência na Bolívia?

(EL DEBER? 14 de agosto de 1990)

Costuma-se dizer que a Bolívia é um país não violento: não há guerrilhas e seus delinquentes não se agridem fisicamente. Se a compararmos com o Peru, a Colômbia e El Salvador, veremos que não temos a violência da guerra (guerra civil) que esses países irmãos têm. Da mesma forma, se observarmos a violência urbana (assassinatos: delinquência comum) que o Brasil, o México, a Colômbia e outros países têm, também notamos que em nosso país não vemos cidadãos mortos a facadas ou a tiros. Quando fazemos essas comparações, chegamos à conclusão de que em nosso país não há violência e, se houver, ela é mínima.

É necessário não ter uma concepção equivocada de "violência"; não tomar apenas aquela dimensão que a mídia e as instituições repressivas apresentam como a única violência, ligada à delinquência comum, típica das camadas socioeconômicas mais baixas. A explosão da violência não é a única coisa considerada como tal.

A segurança do cidadão está intimamente ligada ao conceito de violência, assim como o alarme social desencadeado pelo crescimento da criminalidade. Como consequência, há uma demanda - ou uma sugestão - de maior controle policial - ou militar - nas ruas.

Se concebermos a violência como intimamente ligada à segurança do cidadão, estaremos nos movendo em direção a uma concepção multilateral da violência, e esse é um grande passo à frente. É sob essa perspectiva que veremos uma Bolívia verdadeiramente violenta.

Nosso país encabeça a lista dos Estados com a maior porcentagem de mortalidade infantil, superando inclusive o Haiti, o país mais pobre do continente americano. A expectativa de vida está diminuindo, o que significa que os bolivianos estão vivendo vidas mais curtas do que antes. As deformidades físicas estão aumentando devido à falta de assistência médica, e o analfabetismo está crescendo em vez de diminuir. A porcentagem do orçamento geral alocada aos órgãos repressivos é maior do que a da saúde e da educação combinadas, levando em conta que esse alto orçamento repressivo beneficia apenas um setor minoritário dos bolivianos, em comparação com os milhões de bolivianos (habitantes) que se "beneficiam" do que é alocado para a educação e a saúde. Por outro lado, devemos levar em conta a porcentagem muito alta de bolivianos que estão subempregados ou diretamente desempregados.

Entre outros aspectos, toda a violência cultural produzida pela migração deve ser levada em conta; não respeitar uma identidade cultural constitui uma violência de alto nível.

O elevado número de crianças vivendo nas ruas, nas prisões, etc. é violência. O aumento da mendicância é um efeito e, por si só, constitui violência.

A prostituição de menores (11 ou 12 anos) e toda a violência que nossas crianças recebem do cinema e da televisão.

A ação cotidiana dos órgãos policiais é altamente violenta.

A tudo isso devemos acrescentar a insegurança gerada pela classe dominante, que, em vez de assumir o mandato do povo, enriquece em nome do povo, com exceções.

Por todas as razões acima, afirmamos que a Bolívia está experimentando altos níveis de violência e que não devemos esperar que ocorram "surtos" para nos preocuparmos: agora é o momento de fazê-lo.

A respeito de "Nação e Estado ns Bolívia" de Isaac Sandoval R.

(EL DEBER, 23 de julho de 1991)

São grandes os esforços do cientista social Isaac Sandóval R. para contribuir com a busca de alternativas na esquerda boliviana e latino-americana; e esses esforços dão frutos. Nação e Estado na Bolívia é exatamente isso: uma contribuição para a construção de uma proposta alternativa.

Em " A Nação e o Estado na Bolívia", Isaac Sandóval confirma sua seriedade metodológica característica, bem como sua coerência epistemológica. Independentemente de concordarmos ou não com a rica análise que ele nos oferece, ele ressalta que o paradigma epistemológico utilizado não está esgotado; na verdade, ele contém todos os elementos necessários para construir instrumentos de análise de realidades concretas e, com base nessa abstração, compreender as contradições que iluminarão o caminho da emancipação de nossa pátria.

"Nação e Estado na Bolívia" contém cinco capítulos: o primeiro é uma análise dos antecedentes constituintes da formação social boliviana; o segundo é uma análise profunda da etno-cultura e do Estado; no terceiro, ele estuda a política espacial e o Estado; o quarto é uma análise das classes sociais e sua relação com o Estado; e, no quinto, ele lança seu projeto: Rumo à construção de um Estado nacional boliviano.

Sem dúvida, e à parte de qualquer discussão doutrinária, o pesquisador Isaac Sandoval R. tornou-se um cientista social profundo e sério, um dos poucos que a Bolívia possui.

Corrupção e reformas jurídicas ¿simple coincidencia?

(EL DEBER, 11 de janeiro de 1994)

Os ventos da mudança estão soprando na América Latina; não com a força de um furacão, mas mesmo assim.

Estamos nos referindo às mudanças jurídicas no processo democrático em que quase todos os países da região estão envolvidos. Alguns países realizaram assembleias constituintes, outros as consideram necessárias e outros ainda veem a necessidade de reformas, ainda que lentas.

Por outro lado, observamos que há alguns anos se insiste no tema da CORRUPÇÃO, que, junto com o narcotráfico, tornou-se o cavalo de batalha de uma caça às bruxas ampliada e diabolizada que nos lembra a insegurança gerada nos períodos absolutistas.

Sem querer repetir esquemas deterministas e reducionistas que buscam mentes maquiavélicas por trás de todos os processos sociais, acreditamos que é necessário refletir sobre o desenvolvimento dessas duas questões, como elas se originam, quem se beneficia delas e para onde estão indo.

Há um ditado popular que diz que "quando a esmola é demais, o santo desconfia". É preciso desconfiar, mas não rejeitar totalmente, todo apoio econômico e técnico estrangeiro para a reforma do Estado; desconfiança que não deve nos levar a enxergar além do que nos é mostrado, a fim de pegar o que nos é conveniente, colocando-nos dentro de uma relação internacional cada vez mais intensa.

Também acreditamos que esse modismo "anticorrupção" faz parte da mesma coisa: que razão melhor existe do que desacreditar o Estado protecionista para reduzi-lo? Mas que verdade curta é essa de que a corrupção só surge de um Estado descontrolado e incapaz, que não gerou um setor econômico forte que agora está exigindo uma redução de sua antiga fonte de riqueza?

É necessário apoiar a redução do Estado, mas não por causa de um problema econômico puramente externo. Mas sim com base em uma concepção filosófica e política que nos permita ver a intrusão desse centauro monstruoso, como Carlos Fuentes o chama, que não se adapta às nossas necessidades e à nossa realidade porque é um produto importado, um gerador de processos profundos de criminalização racista, sexista e classista: um negador da diversidade.

Em defesa do pêns de Bobbit

(EL DEBER, 1 de fevereiro de 1994)

Nunca antes houve tanta discussão sobre um pênis, muito menos uma reação tão violenta no mundo, desde que ele foi divulgado como uma mensagem positiva. Por essa razão, o pênis de Bobbit é histórico, assim como o fato de o júri não ter considerado culpado aquele que cortou um órgão sexual tão famoso.

Mais do que uma defesa, pretendemos refletir sobre a ação de uma senhora que durante muito tempo foi ultrajada (espancada e estuprada) e, por isso, cortou o pênis de seu marido ultrajado, segundo a Sra. de Bobbit, ultrajes que ela não conseguiu provar em um julgamento anterior.

Vida e sexualidade

Observamos que foi dada muita publicidade ao caso. Se a morte de Bobbit tivesse sido "apenas" provocada, temos certeza de que teria passado despercebida. O motivo é simples: nossa cultura, por natureza, é altamente sexualizada. A vida é inconcebível sem a sexualidade.

Violência constante sem reação?

Uma mulher jovem, profissional e financeiramente independente, de 24 anos, que sofre violência constante do marido e, apesar de tudo isso, não reage, é motivo de reflexão; ainda mais em uma sociedade como a dos Estados Unidos, em que há mecanismos legais e sociais para impedir essa violência. Como é que ela não se divorciou, separou, fugiu ou simplesmente denunciou o marido violento antes? Como é que durante os estupros - especificamente o ato sexual - ela não reagiu e esperou pacientemente que o marido adormecesse e, então, saiu da cama, foi até a cozinha, pegou a faca, voltou e cortou o pênis do marido? Como é que ela não reagiu no momento do ato sexual, talvez pegando o cinzeiro ou o abajur e batendo na cabeça do marido violento?

Reação desproporcional

Talvez de forma muito inteligente, o júri baseou seu veredicto em "insanidade temporária", pois se tivesse feito isso com base na autodefesa, a Sra. de Bobbit certamente teria sido condenada. Por quê? Em primeiro lugar, porque ele não reagiu usando todos os seus sentidos e força para fazê-lo; ele estava dormindo por causa da embriaguez e do consequente enfraquecimento causado pelo estupro.

Imediatamente ou durante todos os estupros que ela alega ter sofrido, sem falar nos últimos; lembre-se de que ela permite que ele "termine" o estupro, espera que ele adormeça, levanta-se e vai até a cozinha, volta e corta; ela não reage durante o estupro, mas sim depois.

Em segundo lugar, e mais importante, não é proporcional. No momento do estupro, ela teve a oportunidade de se defender e de usar todos os seus sentidos e força para isso. Isso significa que ela agiu com uma vantagem sobre o marido; ao contrário, nas vezes em que ela afirma que ele agiu com violência, ele só tinha a vantagem de ser homem, se é que podemos considerar essa situação de gênero como uma vantagem.

Fazendo justiça com suas próprias mãos

As consequências em todo o mundo estão começando a se revelar; há muitos relatos de outros casos da Sra. Bobbit. E, estranha coincidência, todos eles vêm de países onde a democracia é fraca.

O perigoso para democracias fracas como a nossa é que as pessoas não acreditam nelas e tentam fazer justiça com as próprias mãos; é retroceder, voltar a modelos absolutistas que deixaram luto, fome e muita dor.

Quem perde?

Quantos homens vão para a cama com medo de acordar sem seu órgão sexual? Quanta desconfiança, conflitos e separações gerará o tão divulgado pênis Bobbit?

Não chore como mulher pelo que você não defendeu como homem!!!

(EL DEBER, 22 de fevereiro de 1994)

Nos anos de turbulência política que presenciei em minha adolescência e juventude, devido à proximidade de amigos e familiares, em muitas ocasiões ouvi da boca de militantes cuja ideologia sustentou e sustenta a Unión Juvenil Cruceñita, exclamar "NÃO CHORE COMO MULHER O QUE NÃO DEFENDEU COMO HOMEM", embora seja uma exclamação machista, é sábia e útil para o que queremos refletir.

O que aconteceu com a Saya[1] em Santa Cruz é como aquele aluno que não se prepara e no dia da prova finge salvar sua irresponsabilidade com uma cópia magistral e audaciosa, não é mesmo? Vamos ver por que raciocino dessa forma.

Você se lembra de alguma discoteca onde se dance taquirari,[2] chovena, chacarera ou qualquer outra dança que seja dançada em qualquer uma das regiões do departamento de Santa Cruz? Tenho certeza de que não se lembra porque nunca foi dançado.

Você se lembra de quantas vezes algo regional foi dançado em festas comuns: casamentos, festa de quinze anos, aniversários, etc.? Tenho certeza de que você se lembra muito pouco, porque raramente, muito raramente era dançado. Eu estava lendo no El Deber a reclamação da Sra. de Gasser de que em um dos "eventos cruceños" teve poucos participantes; onde estavam os trezentos cruceños bem organizados que tentaram afastar os dançarinos de saya? Talvez dançando um saboroso merengue, rap ou saya.

Se bem me lembro, Charles Suárez foi criticado por tentar criar música regional com instrumentos "modernos" com a intenção de que um número maior de estantes e habitantes pudesse ouvir e dançar: "o que é nosso" tinha que ser defendido, e nem os instrumentos nem a estilização o eram, daí a rejeição.

Quando foi formado algum comitê ou comissão para fazer cum-

1 Saya: Dança afro-boliviana originária de comunidades afrodescendentes, caracterizada por movimentos intensos e vibrantes, frequentemente acompanhada de tambores e outros instrumentos de percussão.

2 Taquirari: Dança folclórica originária do departamento de Santa Cruz, de ritmo animado e rápido, geralmente dançada em pares e associada a celebrações populares.

prir as disposições que regulam a atividade da mídia não escrita, que estabelece que uma determinada porcentagem do tempo deve ser de produção nacional (entendida como regional)?

Quando nossas danças foram promovidas nas discotecas por meio de competições de casais, como é feito com a salsa, o merengue e outros?

Quando foi organizado o festival de música e/ou dança entre escolas, entre blocos, entre fraternidades ou entre o que quer que seja? Não vamos fingir que estamos colhendo o que não plantamos.

Não vamos chorar os mortos, se em vida não cuidamos deles.

Essa é a reflexão de um simples cidadão de Santa Cruz.

SEGUNDA FASE

Décimo quarto salário: Onde está a armadilha?

LA RAZÓN, 4 de dezembro de 2013

O Palácio Quemado está mais uma vez definindo a agenda. E, obviamente, é uma agenda aparentemente social, de modo que seria suicida se opor a ela, politicamente, mesmo que contenha exclusões como a dos aposentados e outras.

Eleitoralmente, a decisão de um décimo-quarto salário para os setores público e privado é calculada, pois visa e beneficia principalmente os setores urbanos (burocracia estatal, trabalhadores, etc.), áreas fracas daqueles que hoje ocupam o Palácio Quemado: campanha gratuita com o dinheiro de todos. Obviamente, o órgão eleitoral não vai agir. Tudo isso é evidente.

Juridicamente, é inconstitucional. Vejamos por que: a) a divisão de poderes, os freios e contrapesos constitucionais, indicam que o Legislativo produz as leis, e é o Executivo que as regulamenta e executa; o segundo bônus natalino surge com um Decreto Supremo (natureza regulamentar); b) somente a lei produz direitos e não um DS, que apenas regulamenta o direito legislado, e disso, há decisões constitucionais (591/12 de 20/07/12 exp. 150-2012-01-aic); c) a retroatividade só se dá por lei e expressamente definida como tal (art. 123 da CPE), não por Decreto Supremo, e menos ainda se o caráter retroativo não estiver expressamente definido no referido decreto; d) devido ao caráter surpresa da lei, não se pode dar retroatividade, e também há decisões constitucionais sobre isso.

Na mesma linha jurídica, os membros do Tribunal Constitucional não deveriam ser beneficiados, até que o prazo para a interposição de qualquer um dos recursos constitucionais - diretos ou indiretos (direitos coletivos) - tenha expirado, pois, caso contrário, estariam contaminados e desqualificados para julgá-los.

Não concordamos com aqueles que afirmam que isso provocará um duplo efeito: inflação e recessão. A retirada de Bs 8 bilhões do mercado até 31 de dezembro (BCB, solicitação de 25/11/13); a redução dos créditos de consumo "pessoal" para apenas 20% do salário (capacidade de pagamento) e o aumento de 43% na tarifa alfandegária para a importação de veículos 0 km evitam esse duplo efeito.

A armadilha, em nossa opinião, está no médio prazo, entre 2015 e 2016, devido a duas possíveis variáveis: a recuperação econômica dos EUA, que acabará afetando a queda do preço dos hidrocarbonetos; e o baixo investimento na busca de novos poços de hidrocarbonetos em nosso país (enquanto as Forças Armadas em 2014 terão um orçamento de Bs 2.779 milhões, os hidrocarbonetos terão apenas Bs 347 milhões).

Se essas duas situações ocorrerem, a Bolívia reduzirá substancialmente sua principal renda e será o momento em que o Palácio Quemado pedirá aos atuais beneficiários que apertem o cinto; e os agora "prejudicados", os empresários, serão os principais beneficiários da maior parte das políticas públicas, que buscarão equilibrar o que foi enfraquecido pelos baixos preços dos hidrocarbonetos.

Alejandro Colanzi é criminólogo e professor universitário.

¿Racismo na Bolívia? O que Molina no diz

LA RAZÓN, 22 de fevereiro de 2021

Fernando Molina, um intelectual notável e profundo, que tenho a honra de conhecer, escreveu duas opiniões sobre expressões de racismo. Daí nossa pergunta provocativa no presente título.

Não nego a existência de discriminação com base na cor da pele na Bolívia. O que Molina não diz é que as categorias raça, racial e racismo são construções coloniais e eurocêntricas; que, como essa visão é reconhecida no preâmbulo da Constituição Política do Estado (CPE), ela é consequentemente referida em seus artigos como discriminação baseada na cor da pele. É claro que, antes da colônia, não havia discriminação baseada na cor da pele, mas havia uma discriminação perversa baseada na condição das castas impermeáveis (Quebracho ou Liborio Justo), que foram formalizadas na nova ordem jurídica da colonialidade nas Leis das Índias.

Lacan ressalta que, quando negamos algo, ao fazê-lo a partir do que é negado, nós o reproduzimos: a antítese também reproduz a tese (já na visão dialética).

A visão constitucional é deslegitimada na Lei 045 (ironicamente chamada de lei contra o racismo e todas as formas de discriminação), quando reproduz as categorias colonialistas e eurocêntricas de "raça" (4 vezes), "racial" (10) e "racismo" (56); em seu DS Regulatório, "raça" (2 vezes), "racial" (3) e "racismo" (26); e sem mencionar a Unesco, que reproduz em seu último documento de 1965 as categorias "racial" (30 vezes) e "raça" (10). Além disso, isso contraria o mandato expresso e explícito de descolonização do Artigo 9 da CPE mencionada acima.

O "branco" ou "embranquecido", como meu querido amigo Fernando Molina chama a casta dominante, que equivale ao que outros chamam de "branquitude", também é uma construção sócio geopolítica da colonialidade eurocêntrica, impregnada de valores greco-romanos e judaico-cristãos, a base da cultura ocidental. E, como alguém diria: "Eles são brancos, não, podem até ser cor-de-rosa, mas não são brancos". Parece que estamos retrocedendo séculos na falsa e perversa discussão dicotômica de branco = bom e negro (inclusive quase negro) = ruim.

A luta pela visibilização - dos "outros" - é uma luta longa, que mal teve seu início formal (legítimo e legal) desde 1952 (aprofundado nas últimas décadas); e, que não está tendo os êxitos necessários e suficientes como mostram os dados oficiais do comitê nacional de luta contra o "racismo" que registra entre 2010 e 2018 a cifra de 1.394 denúncias (delinquência aparente) de discriminação com base na cor da pele e apenas três sentenças (delinquência legal) condenatórias por esse crime, sem detectar o número negro ou real de discriminação que, por consciência ou inconsciência, descrença ou rejeição do sistema, não são denunciados, e geralmente os números negros de delinquência, em geral, excedem 80% do total.

É por isso que insisto que não devemos reproduzir as categorias que negamos ideologicamente, porque as fortalecemos; e, no CPE, é dado um salto qualitativo importante a esse respeito.

Qual é a resposta a essa realidade: o isolamento, como propôs o mestiço Felipe Quispe com a Nação Aymara, que foi respondido da mesma forma pela Nação Camba? Não sei, mas, como Fernando Molina, não estamos preparados para ficar de braços cruzados. Pelo menos a partir da criminologia, de e para nossa América Indo-Latino-Africana, contribuirei para o que chamo de "desideologizar para construir" outra criminologia, o que é possível.

Alejandro Colanzi é criminólogo e professor universitário.

¿Daltonismo ideológico en Moldiz?

LA RAZÓN, 17 de março de 2021

"Aqui não há brancos", escreve Moldiz Castillo (26/02/21 LA RAZÓN). Onde há brancos, colega Moldiz? Em um seminário sobre Criminologia Crítica do qual participei em 2019, realizado em Santa Fé, Argentina, alguém observou e disse: "brancos? eles até podem ser cor de rosa... Então, onde eles estão?; porque parece aceitar sua existência. O daltonismo é usado aqui como genérico e não específico da cor.

A "branquitude" nos europeus foi e é uma construção que anda de mãos dadas com a igreja, associando-a à pureza, à beleza e à bondade divina, ao contrário do negro que está ligado ao diabólico e que influencia e se traduz no supostamente "biológico", que é usado geopoliticamente na dominação dos "novos" mundos; embora os CASTAS já tenham feito isso séculos antes neste lado do mundo. Daí a pergunta... se não há nenhum aqui, onde eles estão?

Em 1974, conheci e me apaixonei por La Paz, um amor que continua vivo até hoje. Lá, vi como as pessoas com polleras e pele marrom eram tratadas: "hijita" (filhinha) era como os jovens chamavam a mulher idosa, o que me chamou a atenção, ainda mais em uma região onde a maioria da população é indígena. Ela diz que é preciso sair de casa para perceber o que está acontecendo em sua própria casa.

A estratificação social é uma questão transversal em nosso país, que está repleto de discriminação, inclusive com base na cor da pele (visão e categoria constitucional). No início da década de 2010, foi realizado um estudo em nossa América Indo-Hispânica-Africana (ou Abya Yala, América Latina, etc.) com crianças entre 9 e 12 anos de idade, às quais foi colocada uma boneca Barbie ou Ken (dependendo do sexo) sobre a mesa, com uma boneca loira de um lado e uma morena do outro, contando-lhes pequenas histórias e fazendo-lhes perguntas sobre culpa ou inocência: mais de 90% culparam a morena. A discriminação está na medula cultural? Como superar isso é a questão, é a busca de uma resposta à colonialidade que a atual Constituição impõe.

Buscar e descontextualizar expressões discriminatórias - e vinculá-las forçosamente a uma região - para culpabilizar, é ideologizar; e, como tal, a ideologia é, em si, FALSA CONSCIÊNCIA; além disso, falar de "raça ou racismo" é reproduzir a colonialidade que devemos desmantelar por mandato constitucional. Em sociedades de profunda desigualdade, não podemos deixar de entender a CONCORRÊNCIA da dupla qualidade de vítima e vitimizador ao mesmo tempo e na individualidade do SER SOCIAL: sou vítima e ao mesmo tempo vitimizador, sou reprodutor das relações de poder. Lembro-me de uma discussão radiofônica com o companheiro Felipe Quispe, que não está mais neste mundo, quando ele me atacou por ser oriental, com sobrenome estrangeiro e, supostamente, em suas próprias palavras, por ser "branco"; e, obviamente, como ele tornou seu debate superficial, a resposta também foi superficial: "o estrangeiro - meu pai - era mais escuro do que você, e sendo oriental, você, companheiro Felipe, tem olhos verdes que eu não tenho". Insisto que ideologizar é colocar óculos e tentar subsumir tudo: é, por natureza, despótico e autoritário.

O discriminado se torna o discriminador, como, por exemplo, quando chama k'ara e/ou corta a gravata, etc., ou vice-versa. As relações de poder são reproduzidas e a busca da síntese dialética é abandonada: progresso, progressismo, superação da tese criticada. Obviamente, nem os "esquerdistas" nem os "direitistas" (que são reproduções de categorias coloniais e eurocêntricas) percebem que, ao ideologizar, reproduzem até mesmo o que supostamente é negado: repetem como quando vamos à primeira comunhão ou à confirmação e nos fazem aprender o catecismo de cor. Em algum momento, eu disse à minha amiga Martha Harnecker, em Caracas - que também não está neste mundo hoje - que seu livro sobre o materialismo histórico tinha sido como o manual do sobrinho do Pato Donald para cortar gravetos: um vade mecum; ela me disse muito sabiamente que eu o escrevi e que, se alguém o usasse de forma errada, não seria mais de sua responsabilidade. O mesmo se aplica aos chamados idealistas de direita.

Alejandro Colanzi é criminólogo e professor universitário.

Discriminação: uma discussãon criminológica necessária

LA RAZÓN, 5 de abril de 2021

O respeito à dignidade das pessoas é produto de um longo processo histórico que alcançou um salto qualitativo com o advento do Estado Moderno, e é este que, por suas próprias contradições, produz outro nível qualitativo com o Estado Social e Democrático de Direito, também conhecido como constitucionalismo social.

Até o início deste século, os programas de criminologia mostravam que o positivista Lombroso baseava seu racismo evolucionista em Comte e, antes disso, em Darwin (séculos XVIII - XIX), quando Foucault (Foucault, 1976) já o havia levado de volta aos séculos do final da Idade Média e ao início do Renascimento.

O conhecimento de como ela se origina, se desenvolve e é utilizada nos permitirá propor alternativas para impedir sua reprodução? Esse é o desafio, acreditamos, da criminologia de nossa América Indo-Afro-Latina.

A evidência do racismo na concepção antropológica dos estudos criminológicos de Cesare Lombroso é apenas o ponto de partida na retrospectiva histórico-cultural de como esse instrumento de indignidade humana é construído. Hoje, no início do terceiro milênio da era cristã, esse instrumento está presente não só na Europa, mas também na nossa América Indo-Afro-Latina em seu núcleo cultural, espalhado por diferentes gerações, níveis socioeconômicos e pigmentações dérmicas. Exploramos como e por que o processo discriminatório começa da perspectiva física nos gregos, seu processo de acumulação com o judaísmo, o cristianismo romano, a influência de um invasor "alienígena" como Átila, as cruzadas contra hereges demoníacos, a Inquisição católica, o "renascimento" e os novos mundos e seu colonialismo. Além disso, os mecanismos de dominação e o "salto" da racionalidade e do cientificismo necessários para sua hegemonia. Por fim, o determinismo biológico do século XIX e, obviamente, os estudos de Lombroso, conhecido como o pai da criminologia.

Nas sociedades nômades, assim como nos primeiros milênios das sociedades sedentárias, a beleza estava ligada à "reprodução" biológica e também às divindades, que, tendo se "tornado" humanas (Egito), passaram a estar ligadas à casta. E foi a partir dos gregos que a beleza sofreu uma mutação, devido à sua realidade material - principalmente geográfica - que também implicou a discriminação, até a eliminação, de seu antônimo: a feiura.

Essa construção foi reforçada com a expansão romana e o desenvolvimento das religiões monoteístas, e acelerada quando o cristianismo se tornou um poder "oficial", e mais ainda quando se tornou um poder real e instrumentalizou a escolástica, a "Santa" Inquisição e as Cruzadas, alcançando o poder "absoluto".

Será a partir da "descoberta", do "encontro" ou da "invasão" dos novos mundos que essa acumulação sociocultural dará um salto na justificativa da nova colonialidade dos "novos" mundos. Será a partir daí que o poder colocará seus olhos e bolsas de dinheiro na intelectualidade que justifica uma supremacia cultural, "racial" (o mundo está dividido) e geopolítica que discrimina os subjugados. Ela atingiu seu auge no século XIX, com o surgimento da criminologia positivista, e o mais alto grau de barbárie no início do século XX.

A discriminação baseada na cor da pele, erroneamente chamada de "racismo" (porque reproduz a colonialidade eurocêntrica), penetrou no DNA cultural de nossa América Indo-Afro-Latina, e é por isso que a criminologia também deve contribuir para seu desmantelamento.

Alejandro Colanzi é criminólogo e professor universitário.

Moldiz, a discussão é sobre dignidade e economía

LA RAZÓN, 1 de maio de 2021

Buscando um espaço de discussão, tentei intencionalmente provocar Fernando Molina, que por WhatsApp me disse que responderia com um livro, que estou querendo adquirir para ler; e espero que meu próximo livro, já em publicação, intitulado Discriminação: O que Michell Foucault não disse sobre o "racismo", contribua e enriqueça esse debate, que ainda não foi dado e que é necessário em nossos lugares.

Também provoquei Carlos Moldiz, que não conheço, talvez por causa da diferença de idade, embora tenha me atrevido por causa de sua formação acadêmica. Pensei que ele fosse um cientista político e também um militante, estava enganado, ele é mais um militante, ativista e autodenominado "esquerdista" (ele repete isso à exaustão).

Há muito tempo, conheci um auxiliar que não parava de repetir "eu amo minha esposa, eu amo minha esposa"; depois, vi muitos baterem em outros sob o grito "por que você está nos traindo"; também é cada vez mais frequente ouvir "aleluia" ou "eu sou liberal", "eu sou de esquerda", "eu sou honesto e tenho as mãos limpas", carregando rosários ou bíblias. Todas essas atitudes são auto afirmativas e denotam o divórcio de nossa cultura: ser e dever ser. Repetir a si mesmo não implica necessariamente em ser. Você parece ter lido Auto-sugestão e Sugestão, de Jagot.

Carlos, acho que devemos concordar com os seguintes pontos: a) Você diz "...ele fez isso a partir de uma lógica... não... ocidental", o que, a contrario sensu, implica oriental: isso cheira a um sopro andino cêntrico; b) Bobbio, que você cita com muita reverência, não é "esquerdista"; c) verdades absolutas, como você diz, são anti dialéticas na visão ou pavimentação "esquerdista"; d) o ideológico é falsa consciência da perspectiva da estrutura econômica, já que a superestrutura é funcional (falsa) para ele; é claro que Gramsci não diria o mesmo e muito menos Agnes Heller. Bem, mas Marx justificou a invasão americana no México, entre outros eurocentrismos positivistas e cristológicos próprios, e... grande "esquerdista"!

O problema da "ideologização" (falsa consciência) é alimentar a visão do "pupu" (umbigo), como chama meu querido amigo Condarco, uma visão perversa que atravessa as partes contrárias e que sempre faz com que elas me pareçam aquele que bate no "outro" exclamando "por que você não pensa como eu, traidor": uma cultura dicotômica eurocêntrica e colonial. É claro que o militante só age como torcida organizada. George Orwell chamou isso de pensamento único.

Carlos, não se deve fugir da discussão sob o pretexto de odiar ou não (pura subjetividade desprezada pelo idealismo positivista e sua pregação marxista). As análises ou desconstruções do abordado, na perspectiva clínica, possibilitam bons tratamentos; além disso, o CPE manda descolonizar, e para isso é preciso saber o que e como.

A discussão em nossa América Indo-Hispânica-Africana (ou como eu a chamava há 32 anos, Abya Yala, que na língua Cuna - etnia panamenha - significa "terra em plena maturidade") não é sobre racismo; se você ler a CPE, é sobre dignidade e economia = discriminação. Não se trata de brancura, que, como diz seu colega, não existe; e não existe aqui ou em qualquer outro lugar (repito, eles podem ser rosados, mas com um ch'enko de genes, misturados) porque é uma construção eurocêntrica e colonial.

Con muito carinho Carlos, respeitando tua militância e activismo.

Alejandro Colanzi es criminólogo e professor universitário.

Coringa, Frankenstein ou concorrência

LA RAZÓN, 12 de junho de 2021

No início do século XIX, Mary Shelley escreve e descreve o personagem, que é a criação do Dr. Frankenstein (com boas intenções), daí o nome dado à sua criação, e que se torna um ser "maligno" devido à sua feiura e marginalidade (um processo social de interação e rotulagem).

Recentemente, um personagem do século passado ganhou um prêmio Oscar pela pessoa que o personificou: o Coringa (cuja última versão vale a pena ser vista mais de uma vez). Além da evidente tendência psicossocial positivista de como se constroi a criança vítima e seu processo (de marginalização) em relação ao adulto vitimizador, o filme Coringa nos mostra as complexas circunstâncias em que ele se desenvolve, os valores que são construídos, os rótulos que marcam e acabam por se auto marcar etc., mas na perspectiva da influência sobre a individualidade e a criminalização da marginalidade socioeconômica.

Na mesma linha de "monstros", podemos mencionar aquelas crianças que são sequestradas por grupos irregulares que as forçam (sem qualquer livre escolha) a matar seus pais como um processo de iniciação, para depois se tornarem "pervertidos assassinos".

Há alguns dias, ouvi um velho amigo criminologista, Chisthopher Birkbeck, usar a nova categoria de "concorrência" para mostrar como uma antiga vítima também incorpora e se torna o novo vitimizador. Acredito que houve um longo seminário em que também expusemos, mas ouvimos mais, não foi mais bem justificado do que com a categoria exposta: concorrência.

É a partir dessa dupla condição de vítima e vitimizador que surge a questão da liberdade e do livre-arbítrio: Do que? E de onde vem a liberdade da vítima? que é marcada, induzida a uma espécie de armadilha social (aqueles bosques que marcam o caminho estreito do gado para marcá-lo, vaciná-lo etc.)? Do que? e de onde vem a liberdade de escolher entre o bem e o mal que nos mostra o "livre arbítrio" da ex-vítima que se tornou - não em liberdade - um agressor? Como nós, criminólogos, podemos contribuir para entender essa situação e, assim, apresentar propostas para a implementação de políticas públicas que não reproduzam esse perverso círculo vicioso?

Como analisar criminológicamente essa situação em sociedades como a nossa, onde há mais de 60% de pobreza, sem criminalizar e cair em determinismos sociais que reproduzem esse círculo vicioso?

Onde está a culpabilidade? Onde está a corresponsabilidade por omissão da sociedade e do aparato estatal que, constitucionalmente, deve proteger? Se o objetivo do Estado é proteger o "ser social", ele é deslegitimado por sua incapacidade de proteger? A democracia é deslegitimada?

Sem a menor pretensão de justificar a violência existente, nem de alarmar sobre a real deslegitimação da institucionalidade estatal, a corresponsabilidade social por omissão e a consequência natural do alarmante declínio dos valores democráticos, é bom sentar e refletir sobre isso para produzir respostas. É óbvio que me torno um profundo questionador da existência da liberdade e do livre arbítrio, já que o passado nos limita ao extremo de podermos questionar sua existência, e o presente é determinado por esse passado, de que capacidade de escolha em liberdade estamos falando?

Alejandro Colanzi es criminólogo e professor universitário.

A complexidade de don Huáscar Cajías

LA RAZÓN, 25 de junho de 2021

Conheci Don Huáscar Cajías quando entrei para a Sociedade Boliviana de Ciências Criminais como membro acadêmico, com meu trabalho Fazenda de Espelhos: ¿Aberração jurídica ou luta de classes? em 1985. Ele (e dois outros membros) possibilitaram que eu fosse a primeira pessoa de Santa Cruz e o membro mais jovem da Sociedade.

Meu segundo encontro foi com seu trabalho sobre criminologia, que devorei durante meu mestrado em ciências criminológicas e penais. Em 1991, fui convidado pelo Parlamento para fazer parte da Comissão para a Reforma do Estado, que ele presidia. Mais uma vez, ele era o mais jovem e o único nativo de Santa Cruz naquela comissão que viabilizou a mais profunda reforma da Constituição de 1967, incorporando o Tribunal Constitucional, a Defensoria Pública, a defesa pública para réus pobres, o pluralismo cultural e o processo penal oral, entre outras instituições jurídicas. Conheci outras dimensões de Don Huáscar.

Na criminologia latino-americana, defendo que há uma primeira geração de criminólogos formada por aqueles que adotaram o positivismo e a chamada criminologia crítica (materialista ou marxista).

O positivismo criminológico surgido no final do século XIX tomou conta dos principais centros acadêmicos e políticos, tornando-se a tradução de Auguste Comte, o auge do racionalismo cartesiano, que configurou o "método" - obviamente positivista - como "o" instrumento de pesquisa científica. No final do século XIX, mas principalmente no início da segunda metade do século XX, surge a criminologia crítica, transpondo o materialismo histórico e a dialética para explicar a criminalidade a partir da luta de classes e criticar o positivismo.

Qual é o grande mérito dessa primeira geração de criminologistas latino-americanos? Ter aberto um espaço importante para a criminologia.

Evidentemente, há diferenças sociopolíticas que favoreceram uma delas, conseguindo sua penetração a tal ponto que atravessa todas as esferas e dimensões de nossas sociedades. O positivismo chegou com o rótulo de cientificidade, racionalidade, valores morais e/ou religiosidade, etc.

E a criminologia crítica ganhou impulso no final da década de 1970, a partir da Venezuela, e se definhou no final da década de 1990. Nos últimos cinco anos, recebeu um novo impulso da Argentina.

Rafael Garófalo argumenta que existem "sentimentos médios" na sociedade em todas as épocas. Eu reafirmo e redimensiono essa categoria como os valores médios, que são aceitos - consciente ou inconscientemente - pela maioria e obviamente reproduzidos. A categoria de "imaginário coletivo" também é conhecida. Surge a pergunta: é possível escapar deles? Não sabemos. O que sabemos é que não devemos abordar os autores a partir de nosso próprio tempo, com valores, imaginários e visões diferentes, a fim de levá-los de volta a contextos históricos, culturais e/ou geográficos diferentes.

Em 1955, Don Huáscar publicou Criminologia. O exemplar que tenho em mãos hoje é a quinta edição, com doze reimpressões até 1977. Fundador da Sociedade Boliviana de Ciências Penais em 1977, a qual presidiu, além de criminologia, lecionou filosofia jurídica e foi diretor do extinto jornal Presencia. Depois de presidir a Comissão de Reforma do Estado, assumiu a presidência da Corte Nacional Eleitoral, um órgão estatal de luxo que até agora não foi contestado, como os demais.

Em sua visão de vida, ele foi um exemplo de valorização da justiça, da dignidade e da lei; e, na esfera privada, sua vida familiar deu frutos.

Alejandro Colanzi é criminólogo e nonnino de Valentina.

Antes do amanhecer

LA RAZÓN, 11 de novembro de 2021

Não sei se foi influência do meu gosto pelo cinema quando vi O Cavaleiro das Trevas (2008), uma boa versão do Batman, ou porque sou um insone que acorda antes das 5h da manhã e, com o café com leite na mão, observo o céu e aproveito o fim da noite, tendo a sensação de que está mais escuro antes do amanhecer.

Conheci Samuel Huntington em Choque de Civilizações no final dos anos 90 do século passado, em um frustrado e inacabado doutorado em epistemologia orientado por meu amigo Chato Prada. O referido autor já previa a reconfiguração global do poder e, como tal, o início de um caótico processo de transição.

Em uma conversa com Dorian Zapata há oito anos, como ele me lembrou recentemente, argumentei que estávamos vivendo em um período de profunda escuridão e que nossa esperança era que fosse o que antecede o amanhecer, com tudo o que um novo dia significa.

Estamos vivendo esse período de obscurantismo, que foi exacerbado pela imposição ideológica - geralmente incompreendida - de crenças - produto da desinformação - sobre os outros - que se tornam invisíveis, sobre a vida - buscando eliminá-la, sobre a realidade - buscando impor a sua própria. A intolerância e o pensamento único prevalecem (a cultura do pupu, como diz meu amigo e pesquisador Raúl Condarco Zenteno).

Essa imagem de escuridão crescente tornou-se aterrorizante. A pandemia - endêmica para muitos - aguçou exponencialmente essa percepção. E, obviamente, surge a esperança do novo dia, não com a ingenuidade de que ele será automático.

E as projeções de esperança nesse novo amanhecer estão começando a surgir, como a que o Papa Francisco propõe em relação à superação dos nacionalismos que nos confrontam. Essa realidade e esperança nos levam a reconfigurar o objeto de estudo da criminologia a partir de e para a nossa América Indo-Hispânica-Africana, superando o que aconteceu e projetando o novo dia.

Há 32 anos estamos dizendo que precisamos desideologizar para construir. Foi há mais tempo que minha professora Lolita Aniyar de

Castro me sacudiu até o âmago sobre a categoria de revolução: "E o que fazemos com os escombros? Os "escombros" são a verdade, em maior ou menor grau, e é quase ético e humano descartá-los porque pertencem aos "outros". Já se passou tempo suficiente na transição da individualidade para o ser social; e com importantes contribuições deste lado do mundo, como a proteção constitucional do final do século XIX e o constitucionalismo social do início do século XX, do México.

E é nessa escuridão que devemos direcionar nossas perguntas, buscando novos objetos de estudo, especialmente nessa fracassada América indo-hispânico-africana - sob a ótica da obsoleta visão eurocêntrica - na perspectiva republicana e democrática, em maior ou menor grau.

A partir de nossas realidades, em que o antigo conceito de Luís XIV de "Eu sou o Estado" foi suplantado por uma roupagem republicana e democrática, devemos nos perguntar: de onde ele vem? O poder, sua natureza, é despótico? A natureza humana é despótica? Ou a natureza, a vida? Obviamente, sem pretender que sejam inéditos. Na criminologia e em sua tradução para o direito penal, ainda há fortes traços de Luís XIV que conservam, para os detentores do poder, a qualidade da soberania, sequestrando aqueles a quem pertencem a legitimidade e a legalidade.

O privilégio de estar presente nesses momentos é único. Como o privilégio de ver um povoado se transformar em uma cidade, como Santa Cruz de la Sierra; o advento de uma "democracia" ou o choque de civilizações... ou de ser avô de Valentina.

Alejandro Colanzi é criminólogo e nonnino de Valentina.

Criminologia crítica

LA RAZÓN, 8 de dezembro de 2021

Em novembro passado, participei de um seminário sobre "o estado da arte da criminologia crítica na América Latina". Fiquei agradavelmente surpreso com a produção, principalmente de pessoas novas e jovens. O ressurgimento dos estudos criminológicos em geral na América Latina é evidente.

Não estou surpreso. Entendo o processo argentino, porque, como no futebol, eles têm excelentes acadêmicos que se aventuraram na criminologia crítica, em uma mudança do direito penal. Lembrem-se de Carlitos Elbert, que chegou a organizar um evento latino-americano no final do século passado para tratar do futuro da criminologia: visionário. Embora eu acredite que Raúl Zaffaroni tenha sido o grande incentivador, quando sentiu que o direito penal não era suficiente e, a partir daí, iniciou uma extraordinária virada para a criminologia. É claro que quando você tem um Maradona e/ou Messi, isso gera um impacto ou uma motivação extraordinária, especialmente nas novas gerações.

O mais surpreendente é o Brasil, que sem ter um Pelé na criminologia crítica, sem subestimar todos aqueles que desde os anos 90 se esforçaram para abrir espaços, como fizeram meu professor Nilo Baptista ou minha amiga Eliana Junqueira, hoje tem muitas seleções de excelentes criminólogos, graças aos exuberantes recursos universitários para realizar pesquisas.

Sem querer criticar, embora como críticos em si não possamos evitar, acho que fiquei com um gosto amargo no final; como quando você chupa um limão e o saboreia intensamente, mas fica um gostinho no final. E tento entendê-lo, embora não o compartilhe. Foram poucos os jovens criminologistas críticos que reconheceram o passado dos pioneiros que surgiram entre o final da década de 1960 e principalmente na década de 1970, gerando uma meca de críticas da Venezuela para a América Latina. Lembremos de duas grandes personalidades que já não estão mais vivas: Rosa del Olmo e Lola Aniyar de Castro. A Bolívia teve o privilégio de recebê-las em várias ocasiões. Pude conhecer as duas academicamente, a partir de meados da década de 1980.

Na Bolívia, quando conheci pessoalmente Idón Chivi (professor de criminologia da UTO), em 1992, para a reunião dos Grupos Latino-Americanos de Criminologia Crítica e Comparada que organizei em Santa Cruz (com a presença de Alessandro Barata, Lola Aniyar, Thamara Santos, entre outros), Idón apareceu com meus três primeiros livros (A delinquência Privilegiada, Fazenda de Espelhos e Reflexões Criminológicas e Penais) para que eu os autografasse: nasceu uma amizade extraordinária.

O que aconteceu com aquela geração de criminologistas críticos que se reunia anualmente em diferentes países? Lolita foi eleita senadora (lembro-me de sua campanha e de ter sido minha orientadora de tese, discutimos seu conteúdo em várias ocasiões antes do início do comício eleitoral), depois foi governadora de Zulia e, mais tarde, embaixadora na Unesco; Nilo Baptista também entrou na arena política no Rio de Janeiro; poderíamos citar outros. Acredito que eles motivaram muitos de nós a entrar na arena política, e como não o faríamos se houvesse um forte compromisso com a realidade que estávamos tentando desvendar e mudar?

Durante meu período como membro do parlamento, conversei muitas vezes com Idón. Agora ele não está mais aqui. Nós dois saímos da criminologia para a política ativa.

Massimo Sozzo, a quem apresentei a ideia de que, no final do século passado, a política distanciou os grandes nomes da criminologia crítica, me disse que "o dia tem apenas 24 horas": você não pode fazer mais nada. Em conversas pessoais com Lolita, no início deste século, ela me mostrou uma ponta de frustração e, desde que retomei a criminologia há cinco anos, compartilho totalmente essa frustração.

É claro que há exceções. Raúl Zaffaroni tem a grande capacidade de gerar autocrítica e avançar para a criminologia crítica e continuar na vida institucional ligada ao direito penal: um gênio como Maradona.

Alejandro Colanzi é criminólogo e nonnino de Valentina.

Transversalização da discriminação

LA RAZÓN, 3 de maio de 2022

Anos atrás, por ocasião do velório de Fidel Castro, assistindo ao noticiário, fiquei impressionado com o fato de que a guarda de honra que guardava seu caixão era composta por soldados cuja pele era morena escura e que, entre o gabinete que acompanhava seu irmão e sucessor, o presidente Raúl, todos tinham a cor da pele "branca"; as pessoas não brancas que compareceram eram dignitários de países do Caribe.

Em outra ocasião, também vi a composição do então presidente Lula e era a mesma imagem, embora alguns possam defendê-la dizendo que ele conseguiu levar o primeiro ministro de pele escura para a Suprema Corte de Justiça, também um advogado de mérito.

Bolsonaro, o atual presidente e o oposto "ideológico" dos dois acima mencionados, também tem um gabinete de "blancoides".[1]

Coloquei aspas em torno do termo "blancoide" porque a suposta brancura dos seres humanos é um imaginário construído não ingenuamente; no melhor dos casos, hoje se pode dizer que alguns podem até ser rosados, mas nunca brancos.há uma notícia da agência AFP apontando que em uma das mecas do futebol mundial, o Brasil, "...dá as costas aos dirigentes negros". Sim, o Brasil de Pelé, Jairzinho, os Ronaldos, Neymar, etc.

O que quero destacar de tudo isso? Que os imaginários construídos a partir da colonialidade - do Norte, dizem outros - penetraram e se consolidaram nessa parte chamada indo-ibérico-americana. Principalmente, que ela atravessa os imaginários ideológicos, talvez - mais do que certamente - porque eles já estavam impregnados desse preconceito ou imaginário colonial.

Os imaginários diminuem nossa capacidade crítica? Lembro-me de meu bom amigo Felipe Quispe, um grande lutador social que proclamava a grandeza, a superioridade e a independência - da Bolívia - dos aimarás. Ele questionou minha origem regional de nascimento,

1 "Blancoide" é um termo utilizado para se referir a uma concepção socialmente construída de "brancura", que não se refere necessariamente a uma pureza racial, mas a uma categoria social historicamente privilegiada. O termo é utilizado aqui para questionar a ideia de que a "brancura" é uma condição natural, reconhecendo que é uma construção cultural e ideológica."

meu sobrenome e a cor da minha pele, diferente da dele, segundo ele. O que ele não disse, e que tentou esconder com óculos escuros e sempre desviando o olhar, foram seus olhos esverdeados.

É mais fácil repetir imaginários porque eles são acompanhados por aquele equilíbrio interno que o "conhecê-los" nos proporciona: a escolástica em vigor. Questionar a nós mesmos produz crises e, como diria minha amiga Fátima Escobar, parafraseando Freud, nós, seres humanos, tendemos a viver sem autoridade - imaginários, ideologias - mesmo, eu diria, contradizendo o que supostamente pensamos e exercemos.

Os imaginários atravessam as ideologias ou as ideologias são um produto disso? Acredito, como responderia meu amigo Carlos Álvarez de Zayas, que, do ponto de vista da complexidade, é um sim e um não, e, além disso, muito pelo contrário.

O momento histórico exige uma profunda discussão nacional, que deixe de lado os imaginários e as ideologias impregnadas de preconceitos discriminatórios e que leve de volta à legitimação expressa pela cidadania.

Alejandro Colanzi é criminólogo e nonnino de Valentina.

Will Smith, o tapa e a sociedade criminógena

LA RAZÓN, 1 de junho de 2022

Chris Rock pratica bullying publicamente contra a esposa de Will Smith e esta também lhe dá um tapa publicamente. Resultado: Will é punido e Chris não.

Há alguns dias, uma vítima de bullying sistemático por sua forma de falar (lingua presa), armado como Rambo (imaginário gringo fascinante) transforma crianças e professores em suas vítimas: de vítima a vitimizador.

Parece que isso só acontece na Yanquilandia, onde não faltam homens das cavernas que respondem a essa tragédia com uma proposta de populismo penal: toda a sociedade deve estar armada para se defender.

Isso é estranho para nós? Não, de forma alguma. Talvez não em proporções, mas em qualidade: somos também uma sociedade onde o bullying é cotidiano, desde xingamentos por situação, aparência corporal ou cor da pele, religiosos, políticos, regionais, sociais, etc.

E, como na Yanquilandia, somos uma sociedade tolerante com essa qualidade criminógena. É preciso que aconteça uma catástrofe (supersaturação, na linguagem de Enrico Ferri) para que possamos reagir (granada em uma assembleia de estudantes, com mortos, queda de uma grade em outra, também com mortos, etc.) e, obviamente, a partir do populismo punitivo (Farit Rojas, La Razón 30/05/22), aplicando o esquema do "bode expiatório" (o bode expiatório é sacrificado para expiar o mal quase generalizado e para nos sentirmos aliviados pelo fato de o culpado ser outra pessoa e não nós) àquele que "excede", enquanto... somos tolerantes com uma ação agressiva diária.(sacrifica-se o bode expiatório para expiar o mal quase generalizado e nos sentimos aliviados pelo fato de o culpado ser outra pessoa e não nós, àquele que "excede", enquanto somos tolerantes com uma ação agressiva diária.

Dissemos (La Razón 12/06/21) que a concorrência (categoria de Birkbeck) torna viável que a criança-vítima se torne um adulto-vitimizador. Não é um determinante (sou crítico do determinismo positivista), é um fator condicionante, ainda mais em sociedades onde o agressor é uma figura pública.

Colocar a polícia, os dinossauros, etc., na mesa de discussão e separadamente é simplesmente repetir o que já foi dito antes. A necessidade de adotar uma abordagem complexa (sociocultural, educacional, reforma penal, descolonizadora e autônoma, institucional, polícia, promotoria, juízes) é falar seriamente, só assim nos afastaremos da cultura do populismo punitivo filo-fascista, Precisamos de uma discussão nacional baseada no reconhecimento de que se trata de um problema social (terapia dos Alcoólicos Anônimos) e, passo a passo (como diz aquele poema erótico que eles colocam em ritmo primoroso), um dia de cada vez, enfrentá-lo e transformá-lo em políticas públicas.

Alejandro Colanzi é criminólogo e nonnino de Valentina.

¿Derrubando imaginários?

LA RAZÓN, 21 de julho de 2022

Tenho lido opiniões que reproduzem velhos imaginários, construídos a partir do poder e que aprofundam as regionalizações: Nállar é narcotraficante; Nállar é de Santa Cruz; e, o povo de Santa Cruz é... Silogismos falsos e perversos com meias verdades.

Nas décadas de 80 e 90, esse imaginário foi construído para encobrir as ações do clã sírio-libanês que dirigia o Ministério Público de La Paz (sem ter um diploma de direito), que era cego para aqueles que pisavam na coca nas minas abandonadas do Altiplano (um produto da DS 21060), e depois a comercializavam, conforme denunciado pelo padre Mauricio Bacardit, então diretor da PASOC e com quem lançamos a campanha "Pela Dignidade", como resultado dos super procuradores com jurisdição nacional e seus super crimes em função. Havia apenas olhos, ouvidos, bocas e um poderoso instrumento legal para a mesma coisa, mas gerado no leste, principalmente em Beni e Santa Cruz.

Naquela época, falava-se que o tráfico de drogas movimentava entre US$ 500 e 800 milhões de dólares americanos por ano na Bolívia. Muitas cidades "prosperaram", mas as únicas que permaneceram no imaginário como territórios do tráfico de drogas foram as do leste, devido às "grandes" operações e sua parafernália. E, ao contrário, por exemplo, Huanchaca (hoje Parque Noel Kempff), que fazia parte do grande plano Irã-Contra. Santa Cruz forneceu o território, os mortos e as únicas pessoas processadas, enquanto as potências nacionais e estrangeiras se beneficiaram com as drogas. Roberto Suárez e depois o Techo de Paja ficaram no imaginário, mas não Barbaschocas (campeão com mais de quatro toneladas em um único vôo e com apoio oficial), que, por seu envolvimento oficial ser exageradamente vergonhoso, foi preso. O imaginário estava consolidado.

Hoje, um estudo sério realizado por A. Banegas indica que o tráfico de drogas na Bolívia movimenta cerca de 2,5 bilhões de dólares americanos por ano; para outros, seriam 4 bilhões, mas vamos nos ater ao número mais conservador. O contrabando no ano passado movimentou cerca de 3 bilhões e as "operações" resultaram em emboscadas militares e mortes, bem como na queima de postos alfandegários, mas nunca houve grandes operações policiais ou manchetes grandiosas. Lembrando, ainda, que a entrada criminosa de veículos ilegais geralmente é feita em troca de drogas.

"Eu quero ser uma narcotraficante", responde uma menina alteña a Maria Galindo, que a questiona, explicando essa aspiração a partir da realidade: "...quando vemos casamentos incríveis... festas milionárias... cholets milionários". No século passado, um grande escritor mexicano observou que nenhum exército poderia resistir a um tiro de canhão de dólares, referindo-se às ditaduras. Hoje, poderíamos afirmar que não há nenhum nível de autoridade que esteja relacionado ao tráfico de drogas, morto como na Colômbia ou no México, e isso não se deve a nenhuma vacina anticorrupção. O contra-valor é imposto e se torna um valor cívico. Poderia ser diferente? O que poderia ser diferente é a reconfiguração de imaginários que aprofundam as contradições entre o centro e a "periferia" do poder e reproduzem discriminações perversas. Os problemas do narcotráfico, do contrabando, do tráfico de pessoas, da violência de gênero, da discriminação baseada na cor da pele etc. são nacionais e atravessam setores sociais, regiões, ideologias etc.; e isso é responsabilidade de todos, desde que os aceitemos como males, como um primeiro passo para um grande diálogo nacional.

Alejandro Colanzi é criminólogo e nonnino de Valentina.

O que é... é, né?

LA RAZÓN, 5 de agosto de 2022

As regiões têm expressões requintadas: um "né?" que afirma (La Paz) e também uma afirmação que confirma, "o que é... é mesmo" (oriente boliviano).

Em tempos de transição ou crise, pelos quais o mundo está passando e dos quais a Bolívia não está isenta, deveria haver mais perguntas do que respostas. Mas, ao contrário, a grande insegurança provocada por qualquer transição leva os seres humanos a um grande medo interior e a se esconderem atrás de atos de fé (religiosos, regionais, setoriais ou ideológicos) em vez de razões. Eles parecem proporcionar segurança.

Ao contrário do equilíbrio que ele busca reconstruir, isso acaba levando-o ao extremo da violência. Assim, nos encontramos em uma época de extremos generalizados, de mentalidade única, de intolerância em relação ao outro. *In saecula saeculorum in crescendo.*[1]

Nesse contexto aparentemente geral e homogêneo, há diferenças. Por exemplo, quando analisamos a violência nas duas cidades com o maior crescimento populacional da Bolívia, El Alto e Santa Cruz de la Sierra. Em El Alto, há cerca de 10.000 novos alteños a cada ano (INE 2020), e a capital de Santa Cruz quase dobra o crescimento de El Alto no mesmo período (no departamento de Santa Cruz, mais de 70.000 pessoas anualmente). A pandemia aprofundou essa situação migratória.

Agora, por que El Alto é a mais violenta; obviamente, ela é seguida pela capital de Santa Cruz, de acordo com as estatísticas oficiais. A Escola Ecológica de Chicago deu uma explicação no século passado para as sociedades com intensa mobilidade social. Espero que essa afirmação não seja a base de um processo por discriminação (parte da intolerância e do pensamento único). O Censo também não serve para abordar essa realidade e tentar amenizá-la? Embora ninguém fale sobre isso, nem em El Alto nem em Santa Cruz de la Sierra.

1 "In saecula saeculorum" é uma expressão em latim que significa "pelos séculos dos séculos", frequentemente utilizada em contextos religiosos para indicar eternidade. O termo "in crescendo" é uma expressão musical que significa "aumentando gradualmente", e aqui é usado para sugerir um aumento contínuo e crescente de extremismos, intolerância e polarização na sociedade."

Mas não vamos perder a esperança, porque também há certezas que fazem muita gente se divertir, como todas as certezas em tempos de incerteza. A revista inglesa Four Four Two publicou há algum tempo a “lista dos clássicos mais emocionantes do mundo” e qual não é a nossa surpresa ao vermos Boca x River no topo da lista. Mas a maior surpresa é que em 49º lugar está Blooming x Oriente. Portanto, meu amigo ch’ukuta Gringo Gonzales está errado e também está confundindo La Paz com a Bolívia quando diz que o clássico boliviano é o Tigre de Achumani contra a Academia Celeste.

Felizmente, estou isento dessa busca pela certeza e sou um simples destroyer que já se esqueceu de um clássico.

O que é... é mesmo, né?

Alejandro Colanzi é criminólogo e nonnino de Valentina.

Eu sou porque nós somos...

LA RAZÓN, 24 de agosto de 2022

Essa será uma expressão que ouviremos com frequência na arena política. Supostamente, ela vem do Ubuntu (África do Sul): eu sou o elo de uma corrente.

Durkheim aponta que existe uma "consciência coletiva". Zaffaroni propôs, na década de 1980, um direito penal antropologicamente fundamentado para lhe devolver o significado e o vínculo com a realidade social. Ortega y Gasset fala de "ser eu e as circunstâncias", encerrando sua abordagem com "as circunstâncias e eu". Sartre ressalta que "nós nos agarramos diante do outro, e o outro é tão verdadeiro para nós quanto nós somos para nós mesmos". Para finalizar, em "Pesquisa Criminológica" (1988), eu adoto o conceito de ser social: eu sou na medida em que sou um ser social, para me opor ao idealismo da individualidade.

Na dura ação de autocrítica que assumo, quando pensava sobre o "ser social", acho que ainda o fazia a partir de uma forte influência idealista racionalista, em que o eu está presente e prevalece. Agora, tenho dúvidas. Agora estou lendo o "eu sou porque nós somos" ou o "ser social" no sentido de que o genérico - imaginário - molda o ser ou o eu sou; a ponto de questionar, de temer que ele venha a determiná-lo. Devo esclarecer que sempre fui um profundo questionador -criminologicamente - dos determinismos que levam à discriminação com base na cor da pele ou nos níveis socioeconômicos.

Um imaginário, que se tornou moda hoje em dia, é ver o eu como mais um do que somos: zumbis. Isso nos faz lembrar dos valores médios que Garófalo menciona como uma medida de criminalização. É claro que também devemos vincular essa ideia à construção da curva do índice de inteligência: a barriga grande é composta pela média; desprezada, obviamente.

Parece que a psicologia de massa, que costumávamos associar ao extremo com as ações das torcidas organizadas, se expandiu enormemente: o desaparecimento do eu e a supervalorização do nós. Em uma situação de transição que gera insegurança e polaridade, que é o que o mundo está vivendo atualmente, o linchamento do diferente, do outro, é comum: zumbis devorando o não-zumbi, o diferente. A isso devemos acrescentar outra variável, a do medo profundo que está prevalecendo, justificado ou não, mas que é experimentado em graus extremos. É um estado de alta subjetividade que contrasta com a racionalidade do que deveria ser, almejada por mouros e cristãos.

Tudo isso é contraposto ao idealismo do eu, que é a base do liberalismo estatal em todas as suas nuances: de instituições fortes a muito fracas e quase inexistentes. O eu, em termos positivos, é garantido, e o eu, em termos negativos, é penalizado.

Então, no "eu sou porque nós somos", tanto no liberalismo quanto em sua variante com o reconhecimento do pluralismo sociocultural... qual é o meu espaço, ou melhor, há espaço para o "eu sou"? E como isso se traduz na explicação que terá de ser dada pela criminologia e na aplicação da responsabilidade correspondente em questões criminais?

Alejandro Colanzi é criminólogo e nonnino de Valentina.

O renascimento das ciências criminológicas

LA RAZÓN, 27 de setembro de 2022

Meu amigo Jean Paul Feldis, em seu trabalho sobre sociologia jurídica e sua abordagem a partir da visão do caos, aponta que um fenômeno econômico importante produz, consequentemente, um fenômeno social e este, por sua vez, produz um fenômeno cultural, para concluir em efeitos políticos.

A Guerra do Chaco, que possibilitou a "descoberta ou o encontro com a outra Bolívia", somada à grande coincidência - do nosso ponto de vista - da profunda recessão americana que possibilitou o plano Bohan, e como uma das consequências da insistência de Prebisch em não colocar todos os ovos na mesma cesta, produziu um evento econômico sem precedentes para Santa Cruz, devido ao financiamento com o qual chegou; Além disso, foi reforçado pela "colonização" (um nome para a transferência de pessoas que viviam na região andina para Santa Cruz e para o oriente, como ainda acontece hoje).

Esse rico e complexo amálgama de variáveis torna inegável o fenômeno econômico de Santa Cruz - o modelo - bem como o fenômeno social: a região de Santa Cruz está cheia de bolivianidade (cerca de 67.000 pessoas migram do resto do país para o nosso departamento todos os anos e vêm fazendo isso há muitos anos). Em outras palavras, a maior população dos oito departamentos fora deles se encontra em Santa Cruz. Isso também é inegável.

A escola ecológica (na verdade, sociológica) de Chicago explica as situações criminológicas de qualquer processo migratório intenso; Ferri explica o mesmo em sua visão de supersaturação. E deveria ser assim, mas não é, desde que a comparemos com outra cidade que também explodiu em termos de migração, El Alto (cujos índices de violência, quantitativa e qualitativamente, superam os de Santa Cruz de la Sierra), que, embora também seja um fenômeno econômico e social, não tem a dimensão de Santa Cruz, como explicamos acima: a ausência de uma bolivianidade diversa.

Acredito que esse departamento esteja vivendo seu estágio cultural, prenhe dessa "bolivianidade" social. A Academia Boliviana de Ciências Criminológicas (ABOCCRIM) é um dos muitos sinais. O que começou por acaso (lei dialética subestimada) acaba produzindo uma causalidade (lei dialética superdimensionada): as ciências criminológicas renascem e recebem um novo impulso de Santa Cruz.

Com o primeiro trabalho sobre criminologia na Bolívia, de Bautista Saavedra, em 1901, os de César Cadima e, principalmente, o de Huáscar Cajías - o texto oficial em muitas universidades - acompanharam os fenômenos econômicos, culturais e políticos de La Paz.

A transição da criminologia para as ciências criminológicas começou com a divisão dos norte-americanos, que deixaram os sociólogos para tratar do fenômeno da delinquência ou dos fatores criminógenos, e a criminologia para tratar do concreto, do crime real: reconstrução dos fatos e dos prováveis autores (perícia: perfis - psicologia -, cenas do crime - balística, dactiloscopia, etc.).

O desafio histórico que Santa Cruz e a Bolívia enfrentam é a transferência, por enquanto, de uma consequência cultural que deve ser vivida em sua plenitude, e já há vislumbres disso: as Ciências Criminológicas.

Alejandro Colanzi é criminólogo e nonnino de Valentina.

Reforma do Código Penal

LA RAZÓN, 1 de novembro de 2022

Há cinquenta anos, Banzer criou uma comissão de "notáveis" e confiou a ela a tarefa de redigir uma nova legislação, que tirou o pó do anteprojeto que quase uma década antes havia sido elaborado pela Comissão Codificadora do Código Penal (segundo Fernando Villamor), nomeada por Víctor Paz em 1962 e composta por Manuel Durán, Hugo César Cadima, Raúl Calvimontes e Manuel José Justiniano. Assim, em 23 de agosto de 1972, o Código Penal foi aprovado pelo Decreto Lei 10426.

O anteprojeto de 1964 teve como fontes Manuel López Rey e o argentino Sebastián Soler, com os quais outros autores concordam apenas parcialmente, argumentando que foi este último, Soler, quem influenciou o anteprojeto (Juan Bustos). Por sua vez, o projeto de Soler foi inspirado no Códice Rocco de 1930, redigido por Arturo Rocco, destacado penalista e socialista italiano que trabalhou como ministro do regime de Benito Mussolini (Raúl Zaffaroni). Lembremos que o neoidealismo filosófico era o norte ideológico de Mussolini; essa visão ideológica se caracterizava por se revestir de tecnocracia jurídica, razão pela qual também é conhecida como tecnicismo jurídico (Carlos Fontán B.), que, ao se materializar nos órgãos jurídicos, prima pela utilização do direito penal para a proteção do Estado.

Uma série de emendas foi feita ao Código Penal, resultado de uma sistematização das críticas que ele havia recebido ao longo de duas décadas. Em 1991, foi formada uma Comissão para a Reforma do Estado, que foi concluída em 1993 com a promulgação da Lei das Necessidades, que começou a se materializar em 1994. Ela constituiu a maior reforma da Constituição de 1967 e foi refletida nas leis. Assim, em 1995, pela Lei 1.674 de 15 de dezembro, foi promulgada a "Lei contra a violência familiar ou doméstica", e também pela Lei 1.602 foi promulgada a "Lei sobre a abolição da prisão e do constrangimento corporal por obrigações patrimoniais"; A Lei 1685, de 2 de fevereiro de 1996, promulgou a "Lei sobre fiança contra a demora da justiça", bem como a Lei 2033, de 29 de outubro de 1999, que introduziu modificações no Código Penal com relação aos crimes contra a liberdade sexual, mas foi a Lei 1768 acima mencionada que introduziu um número significativo de modificações.

Se analisarmos a matriz ideológica do atual Código de Processo Penal (1999), que é essencialmente pró-garantia, priorizando os direitos e as garantias das pessoas, veremos que, em sua essência, ele é coerente com a referida modificação da Constituição Política do Estado (de 1967 e 2009), o que não é o caso do Código Penal (1972). Ainda mais se lembrarmos que a Bolívia iniciou seu constitucionalismo social no final da década de 1930 e só vem se aprofundando nele, até 2009.

Nosso Código Penal tem uma lacuna ideológica, histórica e política, daí a necessidade de sua reforma. As emendas introduzidas apenas exacerbam essas contradições. A subsunção dos direitos dos cidadãos aos supostos interesses gerais do Estado ou da "comunidade" pertence a uma matriz ideológica ultrapassada, ainda mais quando vivemos em um mundo que consolida a globalização, além da forte tendência de aprofundamento e consolidação dos valores democráticos. Os regimes de fato são coisa do passado, embora ainda estejam vivos em um corpo jurídico como o Código Penal, após 40 anos de democracia ininterrupta.

Alejandro Colanzi é criminólogo e nonnino de Valentina.

A nobreza... obriga

LA RAZÓN, 21 de novembro de 2022

Wálter Pareja teve a nobreza de sugerir elementos sobre minha opinião sobre o Código Penal no Jornal EL DEBER e ironizar, como é seu estilo, os mesmos elementos que respondo a partir da criminologia sociopolítica, na qual caminho.

O poder e os imaginários que ele usa para se reproduzir construíram uma "lenda negra" na Bolívia por mais de um século, perversamente dicotômica: se você não está comigo, está contra mim. É o poder, lá ou aqui.

Uma delas é o desmembramento do território nacional. Os cercamentos territoriais que foram administrados pelos detentores do poder (por ação, guerras irresponsáveis, ou omissão, presentes -) não contam: não há julgamentos; tampouco os que foram ameaçados dessas alturas (El Mallku e a Nação Aymara, e antes disso, na chamada guerra federal). Por outro lado, a resposta ao Mallku - a Nação Camba, já abortada - e as expressões legítimas do outro lado são criminalizadas (Potosí e suas bandeiras federais históricas; e Santa Cruz com suas bandeiras autônomas ambivalentes e progressistas - Goni falou de desmembramento com autonomias municipais e federais). A teoria criminológica da rotulação funciona: o povo de Santa Cruz quer pedir um passaporte (imaginário de e para os que estão no poder): meu amigo Wálter relata.

Com primorosa sátira, sugere: a) que o separatismo seja incorporado ao Código Penal, ignorando por completo o que já está previsto na atual Constituição (inciso I, parágrafo 3°, artigo 124; bem como nos artigos 109 - traição à pátria - e 110 in fine do Código Penal); e que se punam os estupradores de crianças, além de lhes dar a pena máxima - ideia que entendo por ser pai e avô. Ele não sabe o que é um crime impossível e a impropriedade do crime.

O que meu amigo cientista político ignora é que a matriz ideológica que questiono (essencialmente) é "neoidealista" e, per se, enfatiza a defesa do "estado" = rei = poder; em outras palavras, subsume a legitimidade (soma da cidadania) ao "valor maior" que cobre o poder em exercício, em oposição ao princípio ideológico de que a legalidade não pode constranger a legitimidade (estado social e democrático de direito, da pós-modernidade); e, nessa linha crítica, os resquícios criminológicos, penais e constitucionais pré-modernos devem ser questionados: descolonização. É claro que ele é um cientista político e não um criminologista: ele não é obrigado a saber disso.

Com sua sátira sutil, ele também sugere que eu deveria colaborar com o atual presidente da Câmara dos Deputados, talvez porque ele também seja de Santa Cruz, na medida em que ele "me dá importância". E eu acho isso muito estranho, porque é um campo que sabe que o parlamento na Bolívia é a quinta ou sexta roda da carroça, exceto quando a oposição tem maioria e assume o controle (UDP), ou quando o executivo é fraco (Mesa), o legislativo aprova e promulga a Lei de Hidrocarbonetos; caso contrário, as decisões são tomadas na frente, no executivo. É como num jogo de dados: você escreve o que vê. Isso é tudo, caro amigo.

Alejandro Colanzi é criminólogo e nonnino de Valentina.

Defasagem do Código Penal

LA RAZÓN, 24 de dezembro de 2022

O Código Penal da Bolívia tem uma lacuna ideológica, histórica e política: sua reforma é imperativa. E não é só nosso. Há uma lacuna porque há continuidade da matriz ideológica pré-moderna: traição, sedição ou desacato - em relação ao Executivo -, que ainda persistem na legislação penal - e na legislação constitucional, como a boliviana -, são o melhor exemplo da persistência do supostamente superado "o Estado sou eu".

Pere Aragonés, da região autônoma da Catalunha, na Espanha, saúda a revogação da "sedição", embora diga que ela foi alterada para um tipo de crime mais brando. Em outras palavras, o direito legal protegido - o Estado - é mantido, com penas menores. Um "súdito" que atirou ovos no rei Carlos, com má pontaria, foi acusado do crime de "ordem pública da Seção 4".

E não se trata apenas de uma dimensão penal, que implica a ultima ratio, o negativo que emerge da Constituição ou "pacto social", um imaginário construído em séculos de conspiração da burguesia emergente e dos senhores feudais insatisfeitos, principalmente a partir do "iluminismo" que coincide com a primeira globalização: a distribuição do mundo por e para os europeus. Um processo complexo de transformação econômica não muito cristã que dá um salto qualitativo com o surgimento do "contrato social" e a tomada do poder. Lembremos do imaginário construído, abrimos mão de direitos para que quem os administre proteja nossa vida, patrimônio e liberdade; lembremos também que a "nova" cidadania era o novo soberano e não mais o antigo que sustentava... "o Estado sou eu".

Então, como explicar que o poder delegado - constituído - tenha a hegemonia da força para se defender do poder delegante - constituinte -: é uma contradição histórica e ideológica. Subsumir os direitos dos cidadãos aos supostos interesses gerais do Estado ou da "Comunidade" pertence a uma matriz ideológica ultrapassada; além disso, constitui a ruptura do suposto contrato social. Portanto, não devemos nos surpreender com o fato de um Trump tentar assumir o controle de uma legislatura e Pedro Castillo, supostamente ideologicamente oposto, tentar o mesmo; ou que o aglomerado de delegados ignore a expressão do eleitor peruano "soberano e cidadão" que votou a favor de Castillo.

O mundo, em sua transição do unipolarismo para o multipolarismo, está em uma crise profunda e assumiu uma forma de pensar única, bélica e profundamente religiosa: se você não está comigo, está contra mim. É a invisibilização do "outro" diferente; e isso se traduz em um enfraquecimento da institucionalidade construída sobre o imaginário estatal-democrático (nessa parte que o "assumiu" ou que lhe foi imposto; e que não é tão diferente das outras regiões do mundo que têm partidos únicos, ou com a destruição dos possíveis outros) e/com poderes muito teológicos. Também aprofunda a crise ao negar a natureza migrante do homo, desde seu surgimento e várias mutações até o que somos; é claro, acelerada pela natureza de sobrevivência de milhares de bombas em suas casas, ou por uma profunda desigualdade social devido a Estados falidos: o não cumprimento do contrato social.

Depois de mais de dois séculos do contrato social ou do Estado moderno e pós-moderno (constitucionalismo social que vai do reconhecimento à garantia dos direitos do cidadão ou do soberano), é necessário repensar.

É claro que não seremos ingênuos ao gerar outro imaginário perverso e prometer um novo paraíso, em uma visão teológica idealista. Devemos reconhecer o que Lacan aponta, que a reprodução ocorre na negação, partindo do negado. Talvez não devêssemos manipular a esperança e assumir um realismo maior e postular o possível... o "possível adjacente" de Kauffman.

Alejandro Colanzi é criminólogo e nonnino de Valentina.

Chávez Cayú: mais uma vítima

LA RAZÓN, 25 de fevereiro de 2023

Depois de muitos anos sem saber de sua existência, eu o encontrei trabalhando em uma repartição pública. Anos atrás, Roberto foi apresentado pelas autoridades políticas da época e pela opinião pública nacional como o assassino do congressista Edmundo Salazar Terceros, que denunciou os assassinatos e o tráfico oficial de drogas em Huanchaca, hoje Parque Noel Kempff. Os anos se passaram e, por acaso, devido a outro ato de derramamento de sangue, outra pessoa admitiu que havia assassinado o deputado Salazar. Apesar disso, por muitos meses após essa confissão, Roberto ainda estava detido em Palmasola e eu consegui libertá-lo e recebê-lo na porta, pedindo desculpas oficialmente: eu era a maior autoridade política do departamento.

Em seguida, ele comentou que, quando foi detido "preventivamente", teve de vender tudo para se defender; e, quando foi deixado na rua, sua esposa teve de sobreviver com os filhos e se foi reconstruir sua vida: foram cinco anos de detenção preventiva. Quando saiu, ele não queria iniciar nenhum processo para compensar o que havia perdido: ele havia se saturado da injustiça.

Hoje, o número de presos preventivos caiu dos 80% históricos, principalmente devido ao uso do sistema "abreviado", que envolve a autoculpabilização para receber uma sentença menor e ficar detido por um período mais curto. Ainda somos os campeões da América Latina e do Caribe em termos de prisão preventiva; talvez apenas o Haiti nos supera um pouco.

A prisão preventiva implica a quebra de garantias constitucionais que fazem parte do bloco constitucional, colocando-a no topo da pirâmide legal que está formalmente em vigor.

Se há algo que caracteriza o Estado Social e o Estado de Direito (desde a Constituição de 1938 que somos), diferentemente do antigo Estado de Direito isolado, é que o primeiro "garante" e o segundo apenas reconhece (faça-se, passe-se).

A presunção de inocência é "garantida" no parágrafo I do artigo 116 da atual Constituição. A prisão preventiva é exatamente o contrário: presunção de culpa. A maldita regra processual é imposta sobre a "garantia" constitucional.

Em julgamentos abreviados, a "garantia" constitucional de que "ninguém poderá ser obrigado a depor contra si mesmo..." (parágrafo I do artigo 121 da Constituição) é violada; e, obviamente, não há pressão pior do que ser detido: sua liberdade ou livre arbítrio é totalmente diluído.

Quantos Chávez Cayú terão de passar por essa situação ultrajante antes que a observância dos direitos constitucionais seja restabelecida?

Quanta autoincriminação será necessária para reagir a essa violação inquisitorial (testemunhando contra eles) dos direitos fundamentais "garantidos"?

Quando daremos o salto do Estado praticado, que significa o reconhecimento da cultura economicista do mercado, para a materialização do Estado social como garantidor?

Enquanto não dermos esse salto, continuaremos a viver o que negamos ideologicamente. Não há liberais nem socialistas que racional e discursivamente não queiram superar, mas quando estão no poder, tornam-se retrógrados factuais e alimentam um estado criminógeno perverso.

Alejandro Colanzi é criminólogo e nonnino de Valentina.

Guatemala e a marcha indígena na Bolívia

LA RAZÓN, 4 de outubro de 2023

Lupe Cajías, uma amiga muito querida, escreveu no jornal Brisas frescas para a Guatemala, mostrando semelhanças com nossa Bolívia. Isso me fez pensar não apenas sobre o assunto, mas também sobre inspirações e incidências. Por acaso, conheci (1985) alguns jovens guatemaltecos em um curso no Ilanud (Instituto Latino-Americano das Nações Unidas para a Prevenção do Crime e Tratamento de Delinquentes) em San José, Costa Rica. Eles me enviavam disciplinadamente um boletim com notícias do movimento camponês e suas lutas, quebrando o molde que, ao contrário de certa classe política boliviana que invisibiliza a realidade para impor apenas uma leitura da contradição entre operários e industriais, eles liam e visualizavam sua realidade, quebrando os padrões e preconceitos tradicionais do marxismo, reconhecendo o camponês - e os indígenas - e dando-lhes seu lugar na história. Enquanto isso, na Bolívia, o questionamento dessa visão tradicional já estava surgindo, e estávamos nos movendo em direção à autocrítica, e a "bolivianização do marxismo" estava em formação.

Em 1989, enquanto eu liderava a materialização de uma estratégia (elaborada na Venezuela enquanto fazia meu mestrado) para denunciar o genocídio na delegacia de polícia de Fazenda de Espelhos, conheci o Monsenhor Tito Solari, que sugeriu a necessidade de uma proposta para abordar os 500 anos de presença europeia em nossa América. Inspirado pelo movimento camponês guatemalteco, elaborei um plano que consistia basicamente em uma grande marcha para La Paz, de diferentes lugares, pelos direitos indígenas. Como presidente da Assembleia de Direitos Humanos de Santa Cruz, aprendi que os melhores defensores de seus direitos são aqueles que sentem que seus direitos foram violados.

Satisfeito com nossa estratégia, Monsenhor Solari a apresentou à Conferência Episcopal, que a rejeitou com o argumento de que ela "fragmentaria o país" (o mesmo argumento foi apresentado por Goni para apagar o termo "governos departamentais" do CPE, à vista dos mouros e cristãos). E, apesar da rejeição, o Monsenhor Solari me pediu autorização para entregá-la ao então líder do Cidob, Marcial Fabricano, que a aceitou e a simplificou, em termos de economia e logística, para uma única coluna de marcha, dando origem, em 1990, à histórica Grande Marcha.

Essa informação foi usada como argumento para se opor à generalização de que nós, advogados, somos como bananas (não há um reto), que o então presidente usou na presença de observadores internacionais, líderes da igreja (incluindo o Monsenhor Solari), prefeitos, a liderança dos governos municipais e representantes parlamentares. Também a compartilhamos em Trinidad, no décimo oitavo aniversário da Grande Marcha, na presença do ex-presidente Jaime Paz Zamora, de quem foram extraídas as primeiras disposições legais em favor do movimento indígena; e foi o início de muitas marchas de protesto cujas conquistas foram agora constitucionalizadas (2009).

Alejandro Colanzi é criminólogo e nonnino de Valentina.

O Papa: ¿migracão, desterro o exílio?

LA RAZÓN, 26 de outubro de 2023

Quando era adolescente e estudante no Marista, o Irmão Celso perguntou na aula de religião se algum pagão que não conhecesse os evangelhos cristãos poderia ser salvo. Tínhamos acabado de ler a passagem "Eu sou o caminho e a verdade... quem vem a mim será salvo". Cometi uma heresia quando disse que se essa pessoa estivesse fazendo o bem (como pai, filho, vizinho, etc.), por que não; é claro que houve muitas que cometi, só que agora eles são conhecidos como livres-pensadores, podem queimar nossa casa ou aparecer em listas, mas não nos queimam na praça, felizmente.

E, como mais uma linha não afeta, vou questionar meu pastor Francisco - cuja promoção me alegrou - em relação à sua posição sobre a migração, quando ele aponta que "deve ser sempre uma decisão livre" e que a Igreja os acompanha com "a força da oração" por causa da grande resistência que encontram nos lugares onde pretendem chegar. Uma posição que me parece muito cômoda e que omite a visão do verbo, sendo apenas um substantivo, como diz Arjona.

A migração, desde tempos imemoriais, não gozava de "liberdade"; pelo contrário, as pessoas migravam contra sua vontade para sobreviver. E, em uma era malfadada, elas foram "migradas" para reduzir os custos de produção e impulsionar o que ficou conhecido como industrialismo e o capitalismo emergente de primeira geração.

Embora seja o mesmo Francisco que reconhece que o contrabando e o tráfico de pessoas constituem uma escravidão moderna de dimensões inimagináveis, elas ainda são "migradas" aos milhares; embora, é claro, isso faça parte da economia e haja pouco rasgar de vestes.

O que motiva a oração e o voluntarismo são aqueles que não vão ao primeiro mundo, ou seja, à Europa ou aos EUA, para fazer turismo. Não há condenação (substantivo) e muito menos ação (verbo) para influenciar as cerca de trinta guerras que existem hoje, na terceira década deste século, que produzem êxodos em massa devido a bombardeios de todos os tipos: militares, políticos, de fome etc. E são guerras fomentadas para saquear recursos naturais.

A América Latina não está isenta. Mesmo que não haja bombardeios militares, vários milhões de venezuelanos, nicaraguenses e ex-colombianos (três milhões na Venezuela na década de 1990) são expulsos para sobreviver. A Bolívia, nos primeiros cinco anos do novo século, expulsou 350.000 cidadãos por ano; hoje não há diferença substancial entre os que partem para o Chile, a Argentina, o Brasil (menos frequentemente para a Europa devido à exigência de visto).

Eu questiono meu pai (filho de migrantes que foram expulsos para sobreviver) porque quando você não tem as condições mínimas de sobrevivência e dignidade, o lugar o expulsa contra toda a liberdade.

É por isso que, nessas condições de supersaturação, como Enrique Ferri costumava se referir a um alto pico de desequilíbrio social, não deveríamos falar de migrantes, mas de exilados, porque não há liberdade nem dignidade alguma; somam-se os novos escravos.

E não é com orações... é com ação... "e Deus se tornou uma palavra...". Vou me desculpar por minha nova heresia. É para isso que servem o confessionário e as penalidades.

Alejandro Colanzi é criminólogo e nonnino de Valentina.

A prisão e suas ironias

LA RAZÓN, 13 de noviembre de 2023

No final do meu primeiro ano de faculdade de direito, visitamos a prisão que, ironicamente, ficava no "fim da liberdade" (no final da rua Libertad, onde hoje fica a sede da polícia em Santa Cruz de la Sierra).

Kely, um vizinho que havia desaparecido do bairro, estava lá como detento. Na frente de outros estudantes, perguntei a ele qual era o motivo de sua detenção e ele, com sua espontaneidade característica, tirou do bolso da camisa um pequeno envelope contendo um pó que eu não conhecia até então: cocaína. Algum tempo depois, eu o encontrei na agência central dos correios (Rua Junín) e, quando perguntei o que ele fazia para viver, ele respondeu que era membro da polícia antidrogas.

Naquele dia, também conhecemos Don Donato Terrazas Flores, que faleceu em 24 de outubro de 2023. Ele era o alfaiate; sua clientela era variada, embora fosse principalmente de fora da prisão. Ele havia educado seus filhos nesse ofício até que todos se tornaram profissionais. Natural de Saipina, nos vales de Santa Cruz, uma terra prodigiosa de produção agrícola, onde viveu até ser transferido como prisioneiro e condenado ao "fim de sua liberdade", onde teve de se reinventar, aprender e se dedicar a ser alfaiate.

Don Donato, agricultor e produtor, devido a essas imprecisões administrativas, passou a ter um problema de limites com seu vizinho e iniciou disputas judiciais, o que implicou negligenciar suas terras, gastar suas economias e viver uma profunda instabilidade emocional, o que o levou, em um momento de discussão com seu vizinho em conflito, a pegar sua espingarda e matá-lo. O Código Penal de Banzer, que incluía a pena de morte por assassinato, havia sido aplicado em uma condenação e ratificado em recurso à Suprema Corte.

Como presidente do curso na universidade, propus que buscássemos uma solução legal para a situação de Don Donato. Decidimos dar início ao processo de comutação da pena (troca da pena de morte pela pena máxima de 30 anos de prisão), um poder constitucional do Presidente da República na época. Coletamos cartas de vários cursos de direito, de outros cursos de graduação e também de instituições de jovens que interagiam na cidade: eram muitas.

Um espaço democrático havia sido aberto e eleições gerais haviam sido convocadas. O agora presidente de fato, General Banzer, estava apoiando seu ex-ministro, General Juan Pereda Asbún.

Tentamos vários canais para entrar em contato com o presidente com nosso pedido maciço de comutação, mas tudo foi em vão. Um colega de classe, também militar, nos anunciou que o assistente de campo do presidente havia sido substituído e que o novo assistente era seu colega de classe, e ele propôs usar esse canal, após consultar o novo assistente de campo. A esperança reinou e toda a documentação para apoio jurídico e social foi enviada.

Entretanto, o processo eleitoral deu uma vitória tão vergonhosa ao Delfim do presidente que o Tribunal Eleitoral e o próprio General Banzer foram forçados a anular as eleições e convocar novas eleições. O general Pereda, o "vitorioso", revoltou-se e exigiu a renúncia de Banzer para assumir a presidência com base em sua vitória. Esse golpe de Estado nos levou ao desespero por causa de nossa ação de comutação: qualquer possibilidade de alcançá-la havia sido diluída.

O General Banzer, em 21 de julho de 1978, no final do dia, anunciou sua renúncia como presidente. Ele também assinou seu último decreto supremo, comutando a sentença de morte de Donato Terrazas Flores.

Antes de deixar a prisão, o prisioneiro comutado sofreu uma crise existencial: o que ele faria na cidade onde sua família agora vive, se para continuar trabalhando como alfaiate teria de pagar aluguel, água, eletricidade e assistentes sujeitos às leis trabalhistas que ele não precisava fazer antes e que lhe davam a vantagem que se traduzia em preços e, portanto, em uma boa clientela: por muito tempo ele resistiu a deixar a prisão.

Alejandro Colanzi é criminólogo e nonnino de Valentina.

¿Contágio criminal?

LA RAZÓN, 9 de dezembro de 2023

Em termos de penalidades, houve dois saltos notáveis: a) o da proporcionalidade com a lei do olho por olho; e b) o moderno não contágio baseado no intuito personae e no princípio da inocência até que se prove o contrário.

Em estados como o nosso, os saltos são deixados de lado. O gonismo (com 36% de legitimidade) destruiu seus adversários adeno-miristas com as "narco-ligações" e as "narco-fotos" e, por sua vez, o adenismo venceu a si mesmo com o caso Diodato. Desde então, temos sido e continuamos a ser os campeões latino-americanos e caribenhos da detenção preventiva ilegítima, arbitrária e criminosa, que cresceu exponencialmente na última década.

Tornou-se institucionalizada a acusação formal - por meio do aparato estatal ou informalmente por meio das redes sociais - daqueles que estão em uma foto com alguém que não é necessariamente condenado. Uma distorção do silogismo: Marset é... (premissa maior); Aki Kamiya é médico de Marset e de sua família (premissa menor); então Aki é igual a Marset. Contágio dedutivo.

A curiosidade criminológica nos leva a buscar respostas que são complexas porque têm a ver com a democracia fraca e o civismo, bem como com a desinstitucionalização do aparato estatal.

Há também outras explicações menos complexas, muito distorcidas, mas com um senso de realidade.

O livro Economía del encarcelamiento, do notável especialista em penitenciárias Ramiro Llanos, torna essa explicação viável ao descrever e demonstrar o extrativismo econômico multimilionário da prisão, que abriga aproximadamente 23.000 detentos na Bolívia (dos quais mais de 70% são presos provisórios e, somente em 2019, 70,7% foram absolvidos). A isso devemos acrescentar a fofoca compartilhada -sottovoce- por um ex-funcionário sênior da ONU na Bolívia, que afirmou que os cálculos do extrativismo judicial (incluindo a prisão) chegariam a US$ 10.000 milhões por ano, lembrando que o INE registrou em 2019 a cifra de 1.685.290 novos casos civis, além dos criminais, familiares, trabalhistas, agrários, etc.

É preciso contextualizar: se o narcotráfico movimenta entre US$ 7.000 e 8.000 milhões (embora para Alejandro Banegas chegue a 2.500 milhões, segundo seu estudo), somados aos 4.000 a 5.000 milhões do contrabando de ouro e minerais; além do contrabando de mercadorias, que os dados empresariais situam em torno de US$ 3.000 milhões, além do tráfico de pessoas e órgãos (2.000 milhões), jogos clandestinos, etc. e assim por diante. Que há mocinhos nessa cadeia que não participam, é claro que há.

Então como posso entender que meu amigo Aki, que é um cirurgião plástico muito divertido e sociável, amante, motociclista, herdeiro de uma clínica que seu pai, já falecido, abriu em 1993 (o que é fato notório) e que desde então só passou por uma manutenção responsável e nenhuma reforma, seja preso e a clínica inaugurada quando Marset poderia ter... 10 anos de idade?

E há notáveis ou magnatas que se enquadram na cumplicidade (aqueles que colaboram ou que, tendo escolha, não se opõem) da ilegalidade, recebendo o que é "confiscado" e apenas ressaltando que o farão com o benefício do inventário, para ver se as dívidas não são maiores do que o patrimônio recebido.

Tenho fotos com meu amigo Aki e não sou médico nem motociclista, com Monsenhor Tito Solari e não sou santo, com Ernesto Cardenal e não sou poeta. Espero que algum funcionário não raciocine: se Aki é o mesmo que Marset e Alejandro é amigo de Aki, então Alejandro é o mesmo que Marset.

Alejandro Colanzi é criminólogo e nonnino de Valentina.

www.ingramcontent.com/pod-product-compliance
Lightning Source LLC
Chambersburg PA
CBHW051310250726
48656CB00004B/1591
* 9 7 9 8 3 0 1 3 6 3 9 4 8 *